Bucătăria Chinezească
Arome și Secrete din Inima Orientului

Elena Ionescu

Rezumat

Pui cu muguri de bambus 9
Şuncă la grătar 10
Bacon cu varza 11
Pui cu migdale 12
Pui cu migdale si castane de apa 14
Pui cu migdale si legume 15
Pui cu anason 17
Pui cu caise 19
Pui cu sparanghel 20
Pui cu vinete 22
Pui învelit cu slănină 23
Pui cu muguri de fasole 24
Sos de pui şi fasole neagră 25
Pui cu broccoli 27
Pui cu varză şi alune 29
Pui indian 30
Pui cu castane 31
Pui picant cu chili 32
Pui prajit cu chili 35
pui chinezesc 37
Pui felul meu de mâncare 39
Pui picant crocant prajit 41
Pui prajit cu castraveti 43
Pui şi Chilli Curry 45
Pui curry chinezesc 47
Curry rapid de pui 48
Curry de pui cu cartofi 49
Pulpe de pui prăjite 50
Pui prajit cu sos de curry 51
pui "beat" 52
Pui cu ouă 54
Rulouri cu ouă de pui 56

Pui la gratar cu oua	*58*
Pui din Orientul Îndepărtat	*60*
Pui Foo Yung	*62*
Foo Yung șuncă și pui	*63*
Pui prăjit cu ghimbir	*64*
Pui cu Ghimbir	*65*
Pui cu ghimbir cu ciuperci si castane	*66*
puiul de aur	*67*
Tocană de pui auriu marinată	*68*
Pui la gratar cu sunca	*70*
Pui cu sos hoisin	*71*
Pui cu miere	*73*
Pui "Kung Pao"	*74*
Pui cu praz	*76*
Pui cu lamaie	*77*
Pui la cuptor lamaie	*79*
Ficat de pui cu muguri de bambus	*81*
Ficat de pui prajit	*82*
Ficat de pui cu Mangetout	*83*
Ficat de pui cu paste	*85*
Ficat de pui cu sos de stridii	*86*
Ficat de pui de ananas	*87*
Ficat de pui dulce-acru	*88*
Pui cu litchi	*89*
Pui cu sos de litchi	*91*
Pui cu mangel-tout	*93*
Pui Mango	*94*
Pui și pepene galben	*96*
Pui și ciuperci fierte	*97*
Pui cu ciuperci și alune	*98*
Pui prajit cu ciuperci	*100*
Pui la gratar cu ciuperci	*102*
Pui cu ceapa	*103*
Pui cu lămâie și portocale	*104*
Pui cu sos de stridii	*105*
Pui cu unt de arahide	*106*

Pui cu mazăre	108
Pui pechinez	109
Pui la ardei	110
Pui prăjit cu boia	112
Pui și ananas	114
Carne de porc înăbușită picant	116
Sandvișuri cu carne de porc înăbușită	118
Carne de porc cu varză	120
Carne de porc cu varza si rosii	122
Carne de porc marinata cu varza	123
Telina de porc	125
Carne de porc cu castane si ciuperci	126
Cotlet de porc	127
Chow Mein de porc	129
Friptură de porc Chow Mein	131
Carne de porc Chutney	132
Murături de porc	134
Pachete crocante de porc	135
Rulouri de porc cu ou	136
Rulouri cu ouă cu carne de porc și creveți	137
Carne de porc la gratar cu oua	138
Porc de foc	139
File de porc prajit	141
Carne de porc cu cinci condimente	142
Carne de porc parfumată înăbușită	143
Carne de porc cu usturoi tocat	145
Friptură de porc cu ghimbir	146
Carne de porc cu fasole verde	147
Carne de porc cu sunca si tofu	148
Frigarui de porc prajit	150
Cot de porc înăbușit cu sos roșu	151
carne de porc marinată	153
Cotlete de porc marinate	154
Carne de porc cu ciuperci	155
plăcintă cu carne la abur	156
Carne de porc gătită cu ciuperci	157

Clatita de porc cu taitei *158*
Clatita cu carne de porc si creveti cu taitei *159*
Carne de porc în sos de stridii *161*
Carne de porc cu alune *162*
Carne de porc cu piper *164*
Carne de porc picant cu murături *165*
Sos de porc și prune *167*
Carne de porc cu creveți *168*
Friptură de porc în roșu *169*
Carne de porc in sos rosu *170*
Carne de porc cu taitei de orez *172*
Chiftele bogate din carne de porc *174*
Cotlete de porc la cuptor *175*
carne de porc picant *176*
Glisați cotlete de porc *178*
Carne de porc cu spanac și morcovi *179*
Carne de porc la gratar *180*
Porc rotisat *181*
Carne de porc cu cartofi dulci *182*
Porc dulce acrișor *184*
Carne de porc sarata *186*
Carne de porc cu tofu *187*
Carne de porc moale prajita *188*
Carne de porc gătită de două ori *189*
Carne de porc cu legume *190*
Carne de porc cu nuci *192*
Galuste de porc *193*
Carne de porc cu castane de apa *194*
Wonton de porc și creveți *195*
Chiftele tocate la abur *196*
Coaste cu sos de fasole neagra *198*
Coaste la gratar *200*
Coaste de arțar la grătar *201*
Coaste prăjite *202*
Coaste cu praz *203*
Coaste cu ciuperci *205*

Coaste portocale 206
Coaste de ananas 208
Coaste de creveți crocante 210
Coaste în vin de orez 211
Cotlete de porc cu susan 212
Coaste dulci-acrișoare 214
coaste fripte 216
Coaste cu rosii 217
Friptură de porc la grătar 219

Pui cu muguri de bambus

Pentru 4 persoane

45 ml / 3 linguri ulei de arahide
1 cățel de usturoi, zdrobit
1 ceapa primavara (ceapa verde), tocata
1 felie radacina de ghimbir, tocata
225 g piept de pui, tăiat în fulgi
225 g / 8 oz muguri de bambus, fulgi
45 ml / 3 linguri sos de soia
15 ml / 1 lingura vin de orez sau sherry uscat
5 ml / 1 lingurita faina de porumb (amidon de porumb)

Se incinge uleiul si se calesc usturoiul, ceapa primavara si ghimbirul pana se rumenesc usor. Adăugați puiul și prăjiți timp de 5 minute. Adăugați lăstarii de bambus și prăjiți timp de 2 minute. Adăugați sosul de soia, vinul sau sherry și făina de porumb și amestecați până când puiul este gătit, aproximativ 3 minute.

Şuncă la grătar

Pentru 6-8 persoane

900 g sunca proaspata

30 ml / 2 linguri zahăr brun

60 ml / 4 linguri vin de orez sau sherry uscat

Se pune sunca intr-o tigaie pe un gratar, se acopera si se fierbe in apa clocotita aproximativ 1 ora. Adăugați zahăr și vin sau sherry în vas, acoperiți și fierbeți la abur timp de o oră sau până când șunca este fiartă. Se lasa sa se raceasca intr-un bol inainte de a taia felii.

Bacon cu varza

Pentru 4 persoane

4 felii de bacon, feliate, curatate si taiate cubulete

2,5 ml / ½ linguriță sare

1 felie radacina de ghimbir, tocata

½ varză, tocată

75 ml / 5 linguri supă de pui

15 ml/1 lingura sos de stridii

Prăjiți baconul până devine crocant, apoi scoateți-l din tigaie. Adăugați sare și ghimbir și prăjiți timp de 2 minute. Se adauga varza si se amesteca bine, apoi se amesteca baconul si se adauga in supa, se acopera si se caleste aproximativ 5 minute, pana cand varza este moale, dar totuși usor crocanta. Amestecați sosul de stridii, acoperiți și gătiți timp de 1 minut înainte de servire.

Pui cu migdale

Pentru 4-6 persoane

375 ml supa de pui

60 ml / 4 linguri vin de orez sau sherry uscat

45 ml / 3 linguri faina de porumb (amidon de porumb)

15 ml/1 lingura sos de soia

4 piept de pui

1 albus de ou

2,5 ml / ½ linguriță sare

Ulei pentru prajit

75 g / 3 oz / ½ cană migdale albite

1 morcov mare, feliat

5 ml / 1 linguriță rădăcină de ghimbir rasă

6 cepe de primavara (ceapa verde), taiate felii

3 batoane de telina tocate

100 g ciuperci, feliate

100 g / 4 oz muguri de bambus, feliați

Se amestecă bulionul, jumătate din vin sau sherry, 30 ml/2 linguri de mălai şi sos de soia într-o tigaie. Aduceți la fiert în timp ce amestecați, apoi lăsați să fiarbă 5 minute până când amestecul se îngroaşă. Se ia de pe foc si se tine la cald.

Scoateți pielea și oasele de pe pui și tăiați-l în bucăți de 1/1 cm, amestecați vinul sau sherry-ul rămas în făina de porumb, albușurile și sare, adăugați bucățile de pui și amestecați bine. Încinge uleiul și prăjește câteva bucăți de pui în el timp de aproximativ 5 minute până se rumenește. Scurgeți bine. Scoateți toate, cu excepția celor 30 ml / 2 linguri de ulei din tigaie și prăjiți migdalele timp de 2 minute până se rumenesc. Scurgeți bine. Adăugați morcovul și ghimbirul în tigaie și prăjiți timp de 1 minut. Adăugați legumele rămase și căleți aproximativ 3 minute, până când legumele sunt moi, dar totuși crocante.

Pui cu migdale si castane de apa

Pentru 4 persoane

6 ciuperci chinezești uscate

4 bucati de pui dezosat

100 g migdale tocate

Sare si piper proaspat macinat

60 ml / 4 linguri ulei de arahide

100 g castane de apa, tocate

75 ml / 5 linguri supă de pui

30 ml / 2 linguri sos de soia

Înmuiați ciupercile timp de 30 de minute în apă călduță, apoi scurgeți-le. Scoateți pietrele și tăiați capacele. Tăiați puiul în felii subțiri. Sarați și piperați generos migdalele și acoperiți feliile de pui cu migdale. Încinge uleiul și prăjește puiul până se rumenește ușor. Adăugați ciupercile, castanele de apă, bulionul și sosul de soia, aduceți la fiert, acoperiți și fierbeți câteva minute pentru a găti puiul.

Pui cu migdale si legume

Pentru 4 persoane

75 ml / 5 linguri ulei de arahide
4 felii rădăcină de ghimbir, tocate
5 ml/1 lingurita de sare
100 g varză chinezească, tocată
50g / 2oz rahat de bambus tăiat cubulețe
Tăiați 50 g de ciuperci în cuburi
2 tulpini de telina, tocate
3 castane de apă, feliate
120 ml / 4 fl oz / ½ cană bulion de pui
225 g piept de pui, taiat cubulete
15 ml / 1 lingura vin de orez sau sherry uscat
50 g mazăre de zăpadă
100 g migdale feliate prajite
10 ml / 2 lingurițe de făină de porumb (amidon de porumb)
15 ml/1 lingura de apa

Se încălzește jumătate din ulei și se prăjește ghimbirul și sarea timp de 30 de secunde. Adăugați varza, lăstarul de bambus, ciupercile, țelina și castanul de apă și prăjiți timp de 2 minute. Se toarnă supa, se aduce la fierbere, se acoperă și se lasă să fiarbă 2 minute. Scoateți legumele și sosul din tigaie. Încinge uleiul rămas și prăjește puiul timp de 1 minut. Adăugați vinul sau sherry și prăjiți timp de 1 minut. Întoarceți legumele în tigaia cu cafea și migdale și fierbeți timp de 30 de secunde. Amestecați făina de porumb și apa până la o pastă, amestecați în sos și gătiți amestecând până când sosul se îngroașă.

Pui cu anason

Pentru 4 persoane

75 ml / 5 linguri ulei de arahide

2 cepe, tocate

1 catel de usturoi, tocat

2 felii de rădăcină de ghimbir tocată

15 ml / 1 lingură făină simplă (toate scopuri)

30 ml / 2 linguri praf de curry

450 g pui taiat cubulete

15 ml/1 lingura de zahar

30 ml / 2 linguri sos de soia

450 ml / ¾ qt / 2 cesti supa de pui

2 păstăi de anason stelat

225 g cartofi, tăiați cubulețe

Se incinge jumatate din ulei si se caleste ceapa in el pana se rumeneste usor, apoi se scoate din tigaie. Încinge uleiul rămas și prăjește usturoiul și ghimbirul timp de 30 de secunde. Se amestecă făina și curry și se fierbe timp de 2 minute. Ceapa se pune înapoi în tigaie, se adaugă puiul și se prăjește timp de 3 minute. Adăugați zahărul, sosul de soia, bulionul și anasonul, aduceți la fiert, acoperiți și fierbeți timp de 15 minute.

Adăugați cartofii, aduceți din nou la fiert, acoperiți și gătiți încă 20 de minute până când se înmoaie.

Pui cu caise

Pentru 4 persoane

4 bucati de pui
Sare si piper proaspat macinat
un praf de ghimbir macinat
60 ml / 4 linguri ulei de arahide
225 g conserve de caise, tăiate la jumătate
300 ml / ½ pt / 1 ¼ cană sos dulce-acru
30 ml / 2 linguri migdale ras, prajite

Asezonați puiul cu sare, piper și ghimbir. Încinge uleiul și prăjește puiul până se rumenește ușor. Acoperiți și gătiți aproximativ 20 de minute până când se înmoaie, amestecând din când în când. Scurgeți uleiul. Adăugați caisele și sosul în oală, aduceți la fierbere, acoperiți și fierbeți timp de aproximativ 5 minute sau până când se încălzesc. Se ornează cu migdale feliate.

Pui cu sparanghel

Pentru 4 persoane

45 ml / 3 linguri ulei de arahide

5 ml/1 lingurita de sare

1 cățel de usturoi, zdrobit

1 ceapa primavara (ceapa verde), tocata

1 piept de pui, feliat

30 ml / 2 linguri sos de fasole neagra

350 g sparanghel, tăiat în 2,5 cm/1 bucată

120 ml / 4 fl oz / ½ cană bulion de pui

5 ml/1 lingurita de zahar

15 ml / 1 lingură făină de porumb (amidon de porumb)

45 ml / 3 linguri de apă

Se încălzește jumătate din ulei și se prăjește sarea, usturoiul și ceapa primăvară până se rumenesc ușor. Adăugați puiul și prăjiți până se rumenește ușor. Adăugați sosul de fasole neagră și amestecați pentru a acoperi puiul. Adăugați sparanghelul, bulionul și zahărul, aduceți la fierbere, acoperiți și gătiți timp de 5 minute până când puiul este fraged. Amestecați făina de porumb și apa până obțineți o pastă, adăugați-o în tigaie și gătiți, amestecând, până când sosul este limpede și gros.

21

Pui cu vinete

Pentru 4 persoane

225 g pui tăiat felii
15 ml/1 lingura sos de soia
15 ml / 1 lingura vin de orez sau sherry uscat
15 ml / 1 lingură făină de porumb (amidon de porumb)
1 vinete (vinete), curatata de coaja si taiata fasii
30 ml / 2 linguri ulei de arahide
2 ardei iute roşu uscat
2 catei de usturoi, macinati
75 ml / 5 linguri supă de pui

Pune puiul într-un castron. Amestecaţi sosul de soia, vinul sau sherry şi porumbul, amestecaţi în pui şi lăsaţi să stea timp de 30 de minute. Se fierb vinetele in apa clocotita timp de 3 minute, apoi se scurg bine. Se incinge uleiul si se prajesc ardeii pana se rumenesc, apoi se scot si se arunca. Se adauga usturoiul si puiul si se prajesc pana se coloreaza usor. Adăugaţi bulionul şi vinetele, aduceţi la fiert, acoperiţi şi gătiţi timp de 3 minute, amestecând din când în când.

Pui învelit cu slănină

Pentru 4-6 persoane

225 g pui taiat cubulete

30 ml / 2 linguri sos de soia

15 ml / 1 lingura vin de orez sau sherry uscat

5 ml/1 lingurita de zahar

5 ml/1 lingurita ulei de susan

Sare si piper proaspat macinat

225 g bucăți de slănină

1 ou, putin batut

100 g făină simplă (toate scopuri)

Ulei pentru prajit

4 roșii, feliate

Amestecați puiul cu sos de soia, vin sau sherry, zahăr, ulei de susan, sare și piper. Acoperiți și marinați timp de 1 oră, amestecând din când în când, apoi scoateți puiul din marinadă. Tăiați slănina în bucăți și înfășurați cubulețele de pui. Batem ouale cu faina pana se obtine o pasta groasa, daca este nevoie adaugam putin lapte. Înmuiați cuburile în masă. Încinge uleiul și prăjește cuburile până se rumenesc și sunt fierte. Se servesc ornat cu rosii cherry.

Pui cu muguri de fasole

Pentru 4 persoane

45 ml / 3 linguri ulei de arahide
1 cățel de usturoi, zdrobit
1 ceapa primavara (ceapa verde), tocata
1 felie radacina de ghimbir, tocata
225 g piept de pui, tăiat în fulgi
225 g muguri de fasole
45 ml / 3 linguri sos de soia
15 ml / 1 lingura vin de orez sau sherry uscat
5 ml / 1 lingurita faina de porumb (amidon de porumb)

Se incinge uleiul si se calesc usturoiul, ceapa primavara si ghimbirul pana se rumenesc usor. Adăugați puiul și prăjiți timp de 5 minute. Adăugați mugurii de fasole și prăjiți timp de 2 minute. Adăugați sosul de soia, vinul sau sherry și făina de porumb și amestecați până când puiul este gătit, aproximativ 3 minute.

Sos de pui și fasole neagră

Pentru 4 persoane

30 ml / 2 linguri ulei de arahide

5 ml/1 lingurita de sare

30 ml / 2 linguri sos de fasole neagra

2 catei de usturoi, macinati

450 g / 1 lb pui tăiat cubulețe

250 ml / 8 fl oz / 1 cană bulion

1 ardei verde, feliat

1 ceapa, tocata

15 ml/1 lingura sos de soia

piper proaspăt măcinat

15 ml / 1 lingură făină de porumb (amidon de porumb)

45 ml / 3 linguri de apă

Încinge uleiul și prăjește sarea, fasolea neagră și usturoiul timp de 30 de secunde. Adăugați puiul și prăjiți până se rumenește ușor. Se adauga bulionul, se aduce la fierbere, se acopera si se lasa sa fiarba 10 minute. Adăugați boia de ardei, ceapa, sosul de soia și ardeiul, acoperiți și fierbeți încă 10 minute. Se amestecă făina de porumb și apa într-o pastă și se amestecă în sos și se amestecă până când sosul se îngroașă și puiul este fraged.

Pui cu broccoli

Pentru 4 persoane

450 g / 1 lb pui tăiat cubulețe

225 g ficat de pui

45 ml / 3 linguri făină simplă (toate scopuri)

45 ml / 3 linguri ulei de arahide

1 ceapă, feliată

1 ardei rosu, feliat

1 ardei verde, feliat

225 g buchete de broccoli

4 felii de ananas tăiate

30 ml / 2 linguri sos de rosii (paste)

30 ml / 2 linguri sos hoisin

30 ml / 2 linguri de miere

30 ml / 2 linguri sos de soia

300 ml / ½ pt / 1 ¼ cană bulion de pui

10 ml / 2 lingurițe ulei de susan

Adăugați puiul și ficatul de pui în făină. Se încălzește uleiul și se prăjește ficatul timp de 5 minute, apoi se scoate din tigaie. Adăugați puiul, acoperiți și fierbeți la foc mediu timp de 15 minute, amestecând din când în când. Adăugați legumele și ananasul și prăjiți timp de 8 minute. Reveniți ficatul în wok, adăugați restul ingredientelor și aduceți la fierbere. Se fierbe amestecând până când sosul se îngroașă.

Pui cu varză și alune

Pentru 4 persoane

45 ml / 3 linguri ulei de arahide

30 ml / 2 linguri arahide

450 g / 1 lb pui tăiat cubulețe

½ varză, tăiată în pătrate

15 ml/1 lingura sos de fasole neagra

2 ardei rosii, tocati

5 ml/1 lingurita de sare

Se incinge putin ulei si se prajesc alunele in el cateva minute, amestecand continuu. Scoateți, scurgeți și amestecați. Se încălzește uleiul rămas și se prăjește puiul și varza până se rumenesc ușor. Scoateți din tigaie. Adăugați sosul de fasole neagră și chili și prăjiți timp de 2 minute. Puneți puiul și varza în tigaie cu alunele zdrobite și sare. Se amestecă până se încinge, apoi se servește imediat.

Pui indian

Pentru 4 persoane

30 ml / 2 linguri sos de soia

30 ml / 2 linguri faina de porumb (amidon de porumb)

15 ml / 1 lingura vin de orez sau sherry uscat

350 g pui taiat cubulete

45 ml / 3 linguri ulei de arahide

2,5 ml / ½ linguriță sare

2 catei de usturoi, macinati

225 g ciuperci feliate

100 g castane de apa, tocate

100 g / 4 oz muguri de bambus

50 g mazăre de zăpadă

225 g / 8 oz / 2 căni de caju

300 ml / ½ pt / 1 ¼ cană bulion de pui

Se amestecă sosul de soia, porumb și vin sau sherry, se toarnă peste pui, se acoperă și se lasă la marinat cel puțin 1 oră. Se incinge 30 ml/2 linguri de ulei cu sare si usturoi si se prajesc pana usturoiul se rumeneste usor. Adăugați puiul cu marinada și prăjiți timp de 2 minute până când puiul se rumenește ușor. Adăugați ciupercile, castanele de apă, lăstarii de bambus și mazărea și prăjiți timp de 2 minute. Între timp, încălziți uleiul rămas într-o tigaie separată și prăjiți caju la foc mic pentru câteva minute până devin aurii. Adăugați-le în tigaia cu supa, aduceți la fiert, acoperiți și gătiți timp de 5 minute.

Pui cu castane

Pentru 4 persoane

225 g pui tăiat felii

5 ml/1 lingurita de sare

15 ml/1 lingura sos de soia

Ulei pentru prajit

250 ml / 8 fl oz / 1 cană bulion de pui

200 g castane de apa tocate

225 g castane tocate

225 g ciuperci, tăiate în sferturi

15 ml/1 lingura patrunjel proaspat tocat

Stropiți puiul cu sare și sos de soia și frecați bine puiul. Se încălzește uleiul și se prăjește puiul până devine auriu, apoi se scoate și se scurge. Puiul se pune in tigaia cu supa, se aduce la fiert si se lasa sa fiarba 5 minute. Adăugați castane de apă, castane și ciuperci, acoperiți și fierbeți aproximativ 20 de minute pentru a se înmoaie. Se servesc ornat cu patrunjel.

Pui picant cu chili

Pentru 4 persoane

350 g/1 lb pui tăiat cubulețe

1 ou, putin batut

10 ml / 2 lingurite sos de soia

2,5 ml / ½ linguriță făină de porumb (amidon de porumb)

Ulei pentru prajit

1 ardei verde, feliat

4 catei de usturoi, macinati

2 ardei rosii, tocati

5 ml / 1 lingurita piper proaspat macinat

5 ml/1 lingurita otet de vin

5 ml/1 lingurita de apa

2,5 ml / ½ linguriță zahăr

2,5 ml / ½ linguriță ulei de chili

2,5 ml / ½ linguriță ulei de susan

Se amestecă puiul cu oul, jumătate din sosul de soia și amidonul de porumb și se lasă să stea 30 de minute. Se încălzește uleiul și se prăjește puiul până devine auriu, apoi se scurge bine. Se toarnă toate, cu excepția 15 ml / 1 lingură de ulei din tigaie, se adaugă piper, usturoi și chili și se prăjesc timp de 30 de secunde. Adăugați piper, oțet de vin, apă și zahăr și prăjiți timp de 30 de secunde. Puiul se pune înapoi în tigaie și se prăjește câteva minute până este fiert. Se serveste stropita cu chili si ulei de susan.

Pui prajit cu chili

Pentru 4 persoane

225 g pui tăiat felii

2,5 ml / ½ linguriță sos de soia

2,5 ml / ½ linguriță ulei de susan

2,5 ml / ½ linguriță vin de orez sau sherry uscat

5 ml / 1 lingurita faina de porumb (amidon de porumb)

Sare

45 ml / 3 linguri ulei de arahide

100 g spanac

4 cepe de primavara (ceapa verde), tocate

2,5 ml / ½ linguriță pudră de chili

15 ml/1 lingura de apa

1 roșie, feliată

Peste pui se toarnă sos de soia, ulei de susan, vin sau sherry, jumătate de porumb și un praf de sare. Se lasa sa stea 30 de minute. Încinge 15 ml / 1 lingură ulei și prăjește puiul până se rumenește ușor. Scoateți din wok. Se încălzește 15 ml / 1 lingură ulei și se prăjește spanacul până se înmoaie, apoi se scoate din wok. Se încălzește uleiul rămas și se prăjește ceapa primăvară, praful de chili, apa și făina de porumb rămasă timp de 2 minute. Se adauga puiul si se caleste repede. Aranjați spanacul pe o farfurie de servire caldă, garnisiți cu pui și serviți cu roșii.

pui chinezesc

Pentru 4 persoane

100g / 4oz frunze chinezești, feliate

100 g / 4 oz muguri de bambus, tăiați în fâșii

60 ml / 4 linguri ulei de arahide

3 cepe de primavara (ceapa verde), taiate felii

2 catei de usturoi, macinati

1 felie radacina de ghimbir, tocata

225 g piept de pui, taiat fasii

45 ml / 3 linguri sos de soia

15 ml / 1 lingura vin de orez sau sherry uscat

5 ml/1 lingurita de sare

2,5 ml / ½ linguriță zahăr

piper proaspăt măcinat

15 ml / 1 lingură făină de porumb (amidon de porumb)

Albește frunzele de porțelan și lăstarii de bambus în apă clocotită timp de 2 minute. Scurgeți și uscați. Se încălzește 45 ml / 3 linguri de ulei și se prăjește ceapa, usturoiul și ghimbirul până se rumenesc ușor. Adăugați puiul și prăjiți timp de 4 minute. Scoateți din tigaie. Încinge uleiul rămas și prăjește legumele timp de 3 minute. Adăugați puiul, sosul de soia, vinul sau sherry, sare, zahărul și un praf de piper și prăjiți timp de 1 minut. Porumb Se amestecă porumbul cu puțină apă, se adaugă sosul și se amestecă până când sosul devine limpede și se îngroașă.

Pui felul meu de mâncare

Pentru 4 persoane

30 ml / 2 linguri ulei de arahide

2 catei de usturoi, macinati

450 g / 1 kg pui, feliat

225 g / 8 oz muguri de bambus, feliați

100 g telina tocata

225 g ciuperci feliate

450 ml / ¾ qt / 2 cesti supa de pui

225 g muguri de fasole

4 cepe, tăiate în sferturi

30 ml / 2 linguri sos de soia

30 ml / 2 linguri faina de porumb (amidon de porumb)

225 g / 8 oz tăiței chinezești uscați

Se incinge uleiul cu usturoiul pana se rumeneste usor, apoi se adauga puiul si se prajeste 2 minute pana se rumeneste usor. Adăugați lăstarii de bambus, țelina și ciupercile și prăjiți timp de 3 minute. Se toarnă cea mai mare parte din bulion, se aduce la fierbere, se acoperă și se fierbe timp de 8 minute. Adăugați mugurii de fasole și ceapa și amestecați timp de 2 minute, până când rămâne doar o mică supă. Amestecați supa rămasă cu sosul de soia și făina de porumb. Adăugați-l în tigaie și fierbeți, amestecând, până când sosul se limpezește și se îngroașă.

Între timp, fierbe pastele în apă clocotită cu sare timp de câteva minute, conform instrucțiunilor de pe ambalaj. Se scurge bine, se condimenteaza cu amestec de pui si se serveste imediat.

Pui picant crocant prajit

Pentru 4 persoane

450 g / 1 lb pui, tăiat în bucăți
30 ml / 2 linguri sos de soia
30 ml / 2 linguri sos de prune
45 ml / 3 linguri chutney de mango
1 cățel de usturoi, zdrobit
2,5 ml / ½ linguriță ghimbir măcinat
câteva picături de coniac
30 ml / 2 linguri faina de porumb (amidon de porumb)
2 oua batute
100 g / 4 oz / 1 cană pâine uscată
30 ml / 2 linguri ulei de arahide
6 cepe de primavara (ceapa verde), tocate
1 ardei rosu, feliat
1 ardei verde, feliat
30 ml / 2 linguri sos de soia
30 ml / 2 linguri de miere
30 ml / 2 linguri de otet de vin

Pune puiul într-un castron. Amestecați sosurile, chutney, usturoiul, ghimbirul și coniac, turnați peste pui, acoperiți și marinați timp de 2 ore. Scoateți puiul și stropiți cu porumb. Se adauga ouale si apoi painea. Încinge uleiul și prăjește puiul până se rumenește. Scoateți din tigaie. Adăugați legumele și prăjiți timp de 4 minute, apoi îndepărtați. Scurgeți uleiul din tigaie, apoi întoarceți puiul și legumele în tigaie cu ingredientele rămase. Aduceți la fierbere și reîncălziți înainte de servire.

Pui prajit cu castraveti

Pentru 4 persoane

225 g de carne de pui

1 albus de ou

2,5 ml / ½ linguriță făină de porumb (amidon de porumb)

Sare

½ castravete

30 ml / 2 linguri ulei de arahide

100 g de ciuperci

50 g / 2 oz muguri de bambus, tăiați în fâșii

50 g sunca taiata cubulete

15 ml/1 lingura de apa

2,5 ml / ½ linguriță sare

2,5 ml / ½ linguriță vin de orez sau sherry uscat

2,5 ml / ½ linguriță ulei de susan

Tăiați puiul și tăiați în bucăți. Se amestecă cu albușuri, porumb și sare și se lasă să stea. Tăiați castraveții în jumătate pe lungime și tăiați-i în diagonală felii groase. Se încălzește uleiul și se prăjește puiul până se rumenește ușor, apoi se scoate din tigaie. Adăugați castraveții și lăstarii de bambus și prăjiți timp de 1 minut. Puiul se pune înapoi în tigaie cu șunca, apă, sare și vin sau sherry. Se aduce la fierbere și se lasă să fiarbă până când puiul este fraged. Se serveste stropite cu ulei de susan.

Pui și Chilli Curry

Pentru 4 persoane

120 ml / 4 fl oz / ½ cană ulei de arahide

4 bucati de pui

1 ceapa, tocata

5 ml/1 lingurita pudra de curry

5 ml/1 lingurita sos chili

15 ml / 1 lingura vin de orez sau sherry uscat

2,5 ml / ½ linguriță sare

600 ml / 1 linguriță / 2½ căni supă de pui

15 ml / 1 lingură făină de porumb (amidon de porumb)

45 ml / 3 linguri de apă

5 ml/1 lingurita ulei de susan

Încinge uleiul și prăjește bucățile de pui pe ambele părți până se rumenesc, apoi scoate-le din tigaie. Adăugați ceapa, curry și sosul chilli și prăjiți timp de 1 minut. Adăugați vinul sau sherry și sarea, amestecați bine, apoi întoarceți puiul în tigaie și amestecați din nou. Se toarnă bulionul, se aduce la fierbere și se fierbe timp de aproximativ 30 de minute până când puiul este fraged. Dacă sosul nu este suficient de subțire, adăugați amidon de porumb și apă într-o pastă, adăugați puțin în sos și fierbeți amestecând până când sosul se îngroașă. Se serveste stropite cu ulei de susan.

Pui curry chinezesc

Pentru 4 persoane

45 ml / 3 linguri praf de curry

1 ceapă, feliată

350 g pui taiat cubulete

150 ml / ¼ pt / ½ cană generos bulion de pui

5 ml/1 lingurita de sare

10 ml / 2 lingurițe de făină de porumb (amidon de porumb)

15 ml/1 lingura de apa

Se încălzește curry și ceapa într-o tigaie uscată timp de 2 minute, scuturând tigaia pentru a acoperi ceapa. Adăugați puiul și amestecați până se îmbracă bine cu curry. Adăugați bulionul și sare, aduceți la fiert, acoperiți și fierbeți timp de aproximativ 5 minute până când puiul este fraged. Amestecați făina de porumb și apa până obțineți o pastă, amestecați în oală și amestecați în timp ce amestecați până când sosul se îngroașă.

Curry rapid de pui

Pentru 4 persoane

450 g piept de pui, taiat cubulete

45 ml / 3 linguri vin de orez sau sherry uscat

50 g faina de porumb (amidon de porumb)

1 albus de ou

Sare

150 ml / ¼ pt / ½ cană generos ulei de arahide

15 ml / 1 lingură pudră de curry

10 ml / 2 lingurițe de zahăr brun

150 ml / ¼ pt / ½ cană generos bulion de pui

Adăugați cuburi de pui și sherry. Economisiți 10 ml / 2 lingurițe de porumb. Albusurile se bat spuma cu porumbul ramas si un praf de sare, apoi se adauga la pui pentru a se acoperi bine. Se încălzește uleiul și se prăjește puiul până când este fiert și auriu. Scoateți din tigaie și scurgeți tot, cu excepția 15 ml/1 lingură de ulei. Se amestecă porumbul rezervat, curry și zahărul și se prăjește timp de 1 minut. Se toarnă supa, se aduce la fierbere și se fierbe, amestecând continuu, până se îngroașă sosul. Reveniți puiul în tigaie, amestecați și reîncălziți înainte de servire.

Curry de pui cu cartofi

Pentru 4 persoane

45 ml / 3 linguri ulei de arahide

2,5 ml / ½ linguriță sare

1 cățel de usturoi, zdrobit

750 g pui taiat cubulete

225 g cartofi tăiați cubulețe

4 cepe, tăiate în sferturi

15 ml / 1 lingură pudră de curry

450 ml / ¾ qt / 2 cesti supa de pui

225 g ciuperci feliate

Se incinge uleiul cu sare si usturoi, se adauga puiul si se prajeste pana se rumeneste usor. Se adauga cartofii, ceapa si curry si se prajesc 2 minute. Se toarnă bulionul, se aduce la fierbere, se acoperă și se fierbe, amestecând din când în când, până când puiul este fiert, aproximativ 20 de minute. Adăugați ciupercile, scoateți capacul și gătiți încă 10 minute pentru a reduce lichidul.

Pulpe de pui prăjite

Pentru 4 persoane
2 pui mari dezosați
2 cepe primare (salote)
1 felie de ghimbir, tocată
120 ml / 4 fl oz / ½ cană sos de soia
5 ml / 1 linguriță vin de orez sau sherry uscat
Ulei pentru prajit
5 ml/1 lingurita ulei de susan
piper proaspăt măcinat

Întindeți piureul de pui și tăiați-l. Pasează 1 ceapă primăvară și toacă cealaltă. Amestecați ceapa verde în piure cu ghimbir, sos de soia și vin sau sherry. Se toarnă peste pui și se lasă la marinat timp de 30 de minute. Scoateți și scurgeți. Așezați pe o farfurie pe un grătar și fierbeți la abur timp de 20 de minute.

Se încălzește uleiul și se prăjește puiul aproximativ 5 minute până se rumenește. Se scot din tava, se scurg bine si se taie felii groase, apoi se aranjeaza feliile pe un platou cald de servire. Se încălzește ulei de susan, se adaugă arpagicul tocat și piper, se toarnă peste pui și se servește.

Pui prajit cu sos de curry

Pentru 4 persoane

1 ou, putin batut

30 ml / 2 linguri faina de porumb (amidon de porumb)

25 g / 1 oz / ¼ cană făină simplă (toate scopuri)

2,5 ml / ½ linguriță sare

225 g pui taiat cubulete

Ulei pentru prajit

30 ml / 2 linguri ulei de arahide

30 ml / 2 linguri praf de curry

60 ml / 4 linguri vin de orez sau sherry uscat

Batem ouale cu amidon de porumb, faina si sarea pana se obtine o pasta groasa. Se toarnă peste pui și se amestecă bine pentru a se acoperi. Încinge uleiul și prăjește puiul până se rumenește și este fiert. Între timp, încălziți uleiul și prăjiți curry-ul timp de 1 minut. Se amestecă vinul sau sherry și se aduce la fierbere. Pune puiul pe o farfurie caldă și toarnă peste el sosul de curry.

pui "beat"

Pentru 4 persoane

450 g file de pui, tăiat în bucăți

60 ml / 4 linguri sos de soia

30 ml / 2 linguri sos hoisin

30 ml / 2 linguri sos de prune

30 ml / 2 linguri de otet de vin

2 catei de usturoi, macinati

Vârf de cuțit de sare

câteva picături de ulei de chili

2 oua

60 ml / 4 linguri faina de porumb (amidon de porumb)

Ulei pentru prajit

200 ml / ½ pt / 1¼ cană vin de orez sau sherry uscat

Pune puiul într-un castron. Amestecați sosurile și oțetul de vin, usturoiul, sare și piper ulei, turnați peste pui și marinați la frigider timp de 4 ore. Bate albusul spuma pana se taie si amesteca-l in faina de porumb. Scoateți puiul din marinată și acoperiți cu amestecul de albușuri. Se încălzește uleiul și se prăjește puiul până când este fiert și auriu. Se scurge bine pe hartie absorbanta si se pune intr-un bol. Adăugați vin sau sherry, acoperiți și marinați la frigider timp de 12 ore. Scoateți puiul din vin și serviți rece.

Pui cu ouă

Pentru 4 persoane

30 ml / 2 linguri ulei de arahide
4 bucati de pui
2 cepe de primavara (ceapa verde), tocate
1 cățel de usturoi, zdrobit
1 felie radacina de ghimbir, tocata
175 ml / 6 fl oz / ¾ cană sos de soia
30 ml / 2 linguri vin de orez sau sherry uscat
30 ml / 2 linguri zahăr brun
5 ml/1 lingurita de sare
375 ml / 13 fl oz / 1½ cani de apa
4 oua fierte tari (fierte)
15 ml / 1 lingură făină de porumb (amidon de porumb)

Încinge uleiul și prăjește bucățile de pui în el până se rumenesc. Adăugați ceapa primăvară, usturoiul și ghimbirul și prăjiți timp de 2 minute. Adăugați sos de soia, vin sau sherry, zahăr și sare și amestecați bine. Se toarnă apă și se fierbe, se acoperă și se lasă să fiarbă 20 de minute. Adăugați ouăle fierte tari, acoperiți și gătiți încă 15 minute. Porumb Se amestecă porumbul cu puțină apă, se adaugă sosul și se amestecă până când sosul devine limpede și se îngroașă.

Rulouri cu ouă de pui

Pentru 4 persoane

4 ciuperci chinezești uscate

100 g pui tăiat fâșii

5 ml / 1 lingurita faina de porumb (amidon de porumb)

15 ml/1 lingura sos de soia

2,5 ml / ½ linguriță sare

2,5 ml / ½ linguriță zahăr

60 ml / 4 linguri ulei de arahide

225 g muguri de fasole

3 cepe de primavara (ceapa verde), tocate

100 g spanac

12 rulouri de primăvară

1 ou, batut

Ulei pentru prajit

Înmuiați ciupercile timp de 30 de minute în apă călduță, apoi scurgeți-le. Scoateți pietrele și tăiați capacele. Pune puiul într-un castron. Se amestecă făina de porumb cu 5 ml/1 linguriță sos de soia, sare și zahăr și se amestecă în pui. Lasă-l să stea 15 minute. Se încălzește jumătate din ulei și se prăjește puiul până se rumenește ușor. Se albesc mugurii de fasole în apă clocotită timp de 3 minute, apoi se scurg. Se încălzește uleiul rămas și se prăjește pe el ceapa primăvară până se rumenește ușor. Se amestecă ciupercile, mugurii de fasole, spanacul și sosul de soia rămas. Adăugați puiul și prăjiți timp de 2 minute. Lasă-l să se răcească. Asezati putina umplutura in mijlocul fiecarei coaja si ungeti marginile cu ou batut. Îndoiți părțile laterale, apoi rulați rulourile de primăvară, sigilând marginile cu un ou. Încinge uleiul și prăjește rulourile de primăvară până devin crocante și aurii.

Pui la gratar cu oua

Pentru 4 persoane

30 ml / 2 linguri ulei de arahide

4 fileuri de piept de pui, taiate fasii

1 ardei rosu, taiat fasii

1 ardei verde, tăiat fâșii

45 ml / 3 linguri sos de soia

45 ml / 3 linguri vin de orez sau sherry uscat

250 ml / 8 fl oz / 1 cană bulion de pui

100 g salată iceberg tocată

5 ml/1 lingurita zahar brun

30 ml / 2 linguri sos hoisin

sare si piper

15 ml / 1 lingură făină de porumb (amidon de porumb)

30 ml / 2 linguri de apă

4 ouă

30 ml / 2 linguri sherry

Se încălzește uleiul și se prăjește puiul și ardeii până se rumenesc. Adăugați sos de soia, vin sau sherry și bulion, aduceți la fierbere, acoperiți și gătiți timp de 30 de minute. Se adauga salata verde, zaharul si sosul hoisin si se condimenteaza cu sare si piper. Amestecați amidonul de porumb și apa, adăugați sosul și aduceți la fiert în timp ce amestecați. Ouăle se bat cu sherry și se prăjesc ca omlete rare. Se presară cu sare și piper și se taie fâșii. Aranjați într-un vas cald de servire și puneți cu lingura peste pui.

Pui din Orientul Îndepărtat

Pentru 4 persoane

60 ml / 4 linguri ulei de arahide

450 g / 1 lb pui, tăiat în bucăți

2 catei de usturoi, macinati

2,5 ml / ½ linguriță sare

2 cepe, tocate

2 bucati de ghimbir tocat tocat

45 ml / 3 linguri sos de soia

30 ml / 2 linguri sos hoisin

45 ml / 3 linguri vin de orez sau sherry uscat

300 ml / ½ pt / 1¼ cană bulion de pui

5 ml / 1 lingurita piper proaspat macinat

6 oua fierte tari (fierte), tocate

15 ml / 1 lingură făină de porumb (amidon de porumb)

15 ml/1 lingura de apa

Încinge uleiul și prăjește puiul până se rumenește. Se adauga usturoiul, sarea, ceapa si ghimbirul si se prajesc 2 minute. Adăugați sos de soia, sos hoisin, vin sau sherry, bulion și piper. Se aduce la fierbere, se acopera si se lasa la fiert 30 de minute. Adăugați ouăle. Se amestecă făina de porumb și apa și se amestecă în sos. Aduceți la fiert și gătiți amestecând până când sosul se îngroașă.

Pui Foo Yung

Pentru 4 persoane

6 oua, batute

45 ml / 3 linguri faina de porumb (amidon de porumb)

100 g ciuperci, tocate grosier

225 g piept de pui, taiat cubulete

1 ceapa, tocata marunt

5 ml/1 lingurita de sare

45 ml / 3 linguri ulei de arahide

Bateți ouăle și adăugați mălaiul. Se amestecă toate celelalte ingrediente, cu excepția uleiului. Incalzeste uleiul. Se toarnă amestecul treptat în tigaie pentru a face clătite mici cu un diametru de aproximativ 7,5 cm. Gatiti pana ce partea inferioara este maro aurie, apoi intoarceti si gatiti cealalta parte.

Foo Yung șuncă și pui

Pentru 4 persoane

6 oua, batute

45 ml / 3 linguri faina de porumb (amidon de porumb)

100 g sunca taiata cubulete

225 g piept de pui, taiat cubulete

3 cepe de primavara (ceapa verde), tocate marunt

5 ml/1 lingurita de sare

45 ml / 3 linguri ulei de arahide

Bateți ouăle și adăugați mălaiul. Se amestecă toate celelalte ingrediente, cu excepția uleiului. Incalzeste uleiul. Se toarnă amestecul treptat în tigaie pentru a face clătite mici cu un diametru de aproximativ 7,5 cm. Gatiti pana ce partea inferioara este maro aurie, apoi intoarceti si gatiti cealalta parte.

Pui prăjit cu ghimbir

Pentru 4 persoane

1 pui, tăiat în jumătate

4 felii rădăcină de ghimbir, zdrobite

30 ml / 2 linguri vin de orez sau sherry uscat

30 ml / 2 linguri sos de soia

5 ml/1 lingurita de zahar

Ulei pentru prajit

Pune puiul într-un castron puțin adânc. Amestecați ghimbirul, vinul sau sherry, sosul de soia și zahărul, turnați peste pui și frecați în piele. Se lasa la marinat 1 ora. Se încălzește uleiul și se prăjește carnea de pui pe rând până se rumenește ușor. Scoateți din ulei și lăsați-l să se răcească puțin în timp ce încălzești uleiul. Întoarceți puiul în tigaie și prăjiți până se rumenește și este fiert. Se amestecă bine înainte de a servi.

Pui cu Ghimbir

Pentru 4 persoane

225 g pui, feliat subțire

1 albus de ou

Vârf de cuțit de sare

2,5 ml / ½ linguriță făină de porumb (amidon de porumb)

15 ml / 1 lingura ulei de arahide

10 felii de rădăcină de ghimbir

6 ciuperci, tăiate la jumătate

1 morcov, feliat

2 cepe de primavara (ceapa verde), taiate felii

5 ml / 1 linguriță vin de orez sau sherry uscat

5 ml/1 lingurita de apa

2,5 ml / ½ linguriță ulei de susan

Se amestecă puiul cu albuș, sare și porumb. Se încălzește jumătate din ulei și se prăjește puiul până se rumenește ușor, apoi se scoate din tigaie. Se încălzește restul de ulei și se prăjește ghimbirul, ciupercile, morcovul și ceapa primăvară timp de 3 minute. Puiul se pune înapoi în tigaie cu vinul sau sherry și apă și se fierbe până când puiul este fraged. Se serveste stropite cu ulei de susan.

Pui cu ghimbir cu ciuperci si castane

Pentru 4 persoane

60 ml / 4 linguri ulei de arahide

225 g ceapa taiata felii

450 g / 1 lb pui tăiat cubulețe

100 g ciuperci, feliate

30 ml / 2 linguri făină simplă (toate scopuri)

60 ml / 4 linguri sos de soia

10 ml / 2 lingurițe de zahăr

Sare si piper proaspat macinat

900 ml / 1½ pt / 3¾ cani de apă fierbinte

2 felii de rădăcină de ghimbir tocată

450 g castane de apă

Se incinge jumatate din ulei si se caleste ceapa in el timp de 3 minute, apoi se scoate din tigaie. Încinge uleiul rămas și prăjește puiul până se rumenește ușor.

Adăugați ciupercile și gătiți timp de 2 minute. Se presară amestecul cu făină, apoi se adaugă sos de soia, zahăr, sare și piper. Se adauga apa si ghimbirul, ceapa si castanele. Se aduce la fierbere, se acopera si se lasa la fiert 20 de minute. Scoateți capacul și gătiți până scade sosul.

puiul de aur

Pentru 4 persoane
8 bucăți mici de pui
300 ml / ½ pt / 1 ¼ cană bulion de pui
45 ml / 3 linguri sos de soia
15 ml / 1 lingura vin de orez sau sherry uscat
5 ml/1 lingurita de zahar
1 rădăcină de ghimbir feliată, tocată

Pune toate ingredientele într-o tigaie mare, aducem la fiert, acoperim și gătiți aproximativ 30 de minute, până când puiul este fiert. Scoateți capacul și gătiți până scade sosul.

Tocană de pui auriu marinată

Pentru 4 persoane

4 bucati de pui

300 ml / ½ pt / 1¼ cană sos de soia

Ulei pentru prajit

4 cepe de primavara (ceapa verde), taiate in felii groase

1 felie radacina de ghimbir, tocata

2 ardei rosii, feliati

3 batoane de anason

50 g / 2 oz muguri de bambus, feliați

150 ml / 1½ pt / ½ cană generos bulion de pui

30 ml / 2 linguri faina de porumb (amidon de porumb)

60 ml / 4 linguri de apă

5 ml/1 lingurita ulei de susan

Tăiați puiul în bucăți mari și marinați în sos de soia timp de 10 minute. Scoateți și scurgeți, rezervând sosul de soia. Încinge uleiul și prăjește puiul aproximativ 2 minute până se rumenește ușor. Scoateți și scurgeți. Se toarnă toate, cu excepția 30 ml / 2 linguri de ulei, apoi se adaugă ceapa primăvară, ghimbirul, ardeiul iute și anasonul stelat și se prăjesc timp de 1 minut. Întoarceți puiul în tigaie împreună cu lăstarii de bambus și sosul de soia rezervat, adăugând suficient bulion pentru a acoperi puiul. Aduceți la fiert și fierbeți aproximativ 10 minute până când puiul este fraged. Scoateți puiul din sos cu o lingură cu fantă și puneți-l pe o farfurie caldă de servire. Se toarnă sosul și se întoarce în tigaie. Se amestecă în porumb

Pui la gratar cu sunca

Pentru 4 persoane

4 portii de pui
100 g sunca afumata, tocata
3 cepe de primavara (ceapa verde), tocate
15 ml / 1 lingura ulei de arahide
Sare si piper proaspat macinat
15 ml/1 lingura patrunjel plat

Tăiați bucățile de pui în bucăți de 5cm/1 și puneți-le în tava de copt cu șunca și ceapa primăvară. Stropiți cu ulei și asezonați cu sare și piper, apoi amestecați ușor ingredientele. Pune vasul pe un grătar într-un cuptor cu abur, se acoperă și se fierbe peste apă clocotită timp de aproximativ 40 de minute, până când puiul este fraged. Se servesc ornat cu patrunjel.

Pui cu sos hoisin

Pentru 4 persoane

4 porții de pui tăiat în jumătate

50 g / 2 oz / ½ cană de porumb (amidon de porumb)

Ulei pentru prajit

10 ml / 2 lingurițe rădăcină de ghimbir rasă

2 cepe, tocate

225 g buchete de broccoli

1 ardei rosu, tocat

225 g ciuperci

250 ml / 8 fl oz / 1 cană bulion de pui

45 ml / 3 linguri vin de orez sau sherry uscat

45 ml / 3 linguri otet de mere

45 ml / 3 linguri sos hoisin

20 ml / 4 lingurite sos de soia

Puneți bucățile de pui în jumătate cu porumb. Încinge uleiul și prăjește bucățile de pui timp de aproximativ 8 minute o dată, până când sunt aurii și fierte. Scoateți din tavă și scurgeți-l pe un prosop de hârtie. Scoateți toate, cu excepția celor 30 ml / 2 linguri de ulei din tigaie și prăjiți ghimbirul timp de 1 minut. Adăugați ceapa și prăjiți timp de 1 minut. Adăugați broccoli, ardei și ciuperci și prăjiți timp de 2 minute. Amestecați supa cu porumbul salvat și ingredientele rămase și turnați în tigaie. Aduceți la fiert în timp ce amestecați și gătiți până când sosul devine limpede. Reveniți puiul în wok și gătiți, amestecând, până se încălzește, aproximativ 3 minute.

Pui cu miere

Pentru 4 persoane

30 ml / 2 linguri ulei de arahide
4 bucati de pui
30 ml / 2 linguri sos de soia
120 ml / 4 fl oz / ½ cană vin de orez sau sherry uscat
30 ml / 2 linguri de miere
5 ml/1 lingurita de sare
1 ceapa primavara (ceapa verde), tocata
1 felie radacina de ghimbir, tocata marunt

Încinge uleiul și prăjește puiul pe toate părțile până se rumenește. Scurgeți excesul de ulei. Se amestecă ingredientele rămase și se toarnă în tigaie. Se aduce la fierbere, se acopera si se fierbe aproximativ 40 de minute, pana cand puiul este fiert.

Pui "Kung Pao

Pentru 4 persoane

450 g pui taiat cubulete

1 albus de ou

5 ml/1 lingurita de sare

30 ml / 2 linguri faina de porumb (amidon de porumb)

60 ml / 4 linguri ulei de arahide

25 g chili roşu uscat, decojit

5 ml/1 lingurita de usturoi tocat

15 ml/1 lingura sos de soia

15 ml / 1 lingură vin de orez sau sherry uscat 5 ml / 1 lingură zahăr

5 ml/1 lingurita otet de vin

5 ml/1 lingurita ulei de susan

30 ml / 2 linguri de apă

Puiul se pune intr-un castron cu albusul, sare si jumatate din amidon de porumb si se lasa la marinat 30 de minute. Se încălzeşte uleiul şi se prăjeşte puiul până se rumeneşte uşor, apoi se scoate din tigaie. Încinge uleiul şi prăjeşte ardeiul şi usturoiul timp de 2 minute. Puiul se pune înapoi în tigaie cu sosul de soia, vinul sau sherry, zahărul, oţetul de vin şi uleiul de susan și se prăjește timp de 2 minute. Amestecați făina de porumb rămasă cu apă, amestecați în tigaie și gătiți, amestecând, până când sosul este limpede și gros.

Pui cu praz

Pentru 4 persoane

30 ml / 2 linguri ulei de arahide

5 ml/1 lingurita de sare

225 g praz feliat

1 felie radacina de ghimbir, tocata

225 g pui, feliat subţire

15 ml / 1 lingura vin de orez sau sherry uscat

15 ml/1 lingura sos de soia

Se încălzeşte jumătate din ulei şi sare şi se prăjeşte puiul până se rumeneşte uşor, apoi se scoate din tigaie. Încinge uleiul rămas şi prăjeşte ghimbirul şi puiul până se rumenesc uşor. Adăugaţi vinul sau sherry în sosul de soia şi amestecaţi încă 2 minute, până când puiul este gătit. Întoarceţi puiul în tigaie şi amestecaţi până se încălzeşte. Serviţi imediat.

Pui cu lamaie

Pentru 4 persoane

4 piept de pui dezosat

2 oua

50 g / 2 oz / ½ cană de porumb (amidon de porumb)

50 g / 2 oz / ½ cană făină simplă (toate scopuri)

150 ml / ¼ pt / suficient ½ cană de apă

Ulei de arahide (arahide) pentru prajit

250 ml / 8 fl oz / 1 cană bulion de pui

60 ml / 5 linguri suc de lamaie

30 ml / 2 linguri vin de orez sau sherry uscat

30 ml / 2 linguri faina de porumb (amidon de porumb)

30 ml / 2 linguri sos de rosii (paste)

1 cap de salata verde

Tăiați fiecare piept de pui în 4 bucăți. Bateți ouăle, amidonul de porumb și făina 00 și adăugați suficientă apă pentru a face un aluat gros. Puneți bucățile de pui în aluat și amestecați până când sunt acoperite complet. Încinge uleiul și prăjește puiul până se rumenește și este fiert.

Între timp, combinați bulionul, sucul de lămâie, vinul sau sherry, mălaiul și piureul de roșii și încălziți ușor amestecând până când amestecul fierbe. Se fierbe, amestecând continuu, până când sosul se îngroașă și se limpezește. Aranjați puiul pe o farfurie caldă de servire pe un pat de salată verde și turnați sosul peste el sau serviți-l în lateral.

Pui la cuptor lamaie

Pentru 4 persoane

450 g / 1 lb pui dezosat, feliat

30 ml / 2 linguri suc de lamaie

15 ml/1 lingura sos de soia

15 ml / 1 lingura vin de orez sau sherry uscat

30 ml / 2 linguri faina de porumb (amidon de porumb)

30 ml / 2 linguri ulei de arahide

2,5 ml / ½ linguriță sare

2 catei de usturoi, macinati

50 g castane de apă, tăiate fâșii

50 g / 2 oz muguri de bambus, tăiați în fâșii

niște frunze chinezești tăiate fâșii

60 ml / 4 linguri supă de pui

15 ml / 1 lingura piure de rosii (paste)

15 ml/1 lingura de zahar

15 ml/1 lingura suc de lamaie

Pune puiul într-un castron. Se amestecă sucul de lămâie, sosul de soia, vinul sau sherry și 15 ml/1 lingură făină de porumb, se toarnă peste pui și se lasă la marinat timp de 1 oră, amestecând din când în când.

Se încălzește uleiul, sarea și usturoiul până usturoiul se rumenește ușor, apoi se adaugă puiul în marinadă și se prăjește aproximativ 5 minute până când puiul se rumenește ușor. Adăugați castanele de apă, lăstarii de bambus și frunzele chinezești și amestecați încă 3 minute sau până când puiul este gătit. Adăugați restul ingredientelor și prăjiți aproximativ 3 minute până când sosul se limpezește și se îngroașă.

Ficat de pui cu muguri de bambus

Pentru 4 persoane

225 g ficat de pui, tăiat în felii groase
45 ml / 3 linguri vin de orez sau sherry uscat
45 ml / 3 linguri ulei de arahide
15 ml/1 lingura sos de soia
100 g / 4 oz muguri de bambus, feliați
100 g castane de apa, tocate
60 ml / 4 linguri supă de pui
Sare si piper proaspat macinat

Amestecați ficații de pui cu vin sau sherry și lăsați să stea 30 de minute. Încinge uleiul și prăjește ficatul de pui până se rumenește ușor. Adăugați marinata, sosul de soia, lăstarii de bambus, castanele de apă și supa. Gatiti si asezonati cu sare si piper. Acoperiți și fierbeți timp de aproximativ 10 minute până se înmoaie.

Ficat de pui prajit

Pentru 4 persoane

450g/1lb ficat de pui, tăiat la jumătate

50 g / 2 oz / ½ cană de porumb (amidon de porumb)

Ulei pentru prajit

Se usucă ficații de pui, apoi se pudrează cu făină de porumb și se scutură excesul. Se încălzește uleiul și se prăjește ficatul de pui pentru câteva minute până se rumenește și este fiert. Scurgeți pe hârtie absorbantă înainte de servire.

Ficat de pui cu Mangetout

Pentru 4 persoane

225 g ficat de pui, tăiat în felii groase

10 ml / 2 lingurițe de făină de porumb (amidon de porumb)

10 ml / 2 lingurițe vin de orez sau sherry uscat

15 ml/1 lingura sos de soia

45 ml / 3 linguri ulei de arahide

2,5 ml / ½ linguriță sare

2 felii de rădăcină de ghimbir, tocate

100 g mazăre de zăpadă

10 ml / 2 lingurițe de făină de porumb (amidon de porumb)

60 ml / 4 linguri de apă

Puneți ficații de pui într-un castron. Adăugați făina de porumb, vinul sau sherry și sosul de soia și amestecați bine pentru a acoperi. Se încălzește jumătate din ulei și se prăjește sarea și ghimbirul până se rumenesc ușor. Adăugați fructele de jac și prăjiți până când sunt bine acoperite cu ulei, apoi scoateți din tigaie. Se încălzește uleiul rămas și se prăjește ficații de pui timp de 5 minute până când sunt fierți. Amestecați făina de porumb și apa până obțineți o pastă, adăugați-o în tigaie și gătiți, amestecând, până când sosul este limpede și gros. Întoarceți tigrul în tigaie și fierbeți până se fierbe.

Ficat de pui cu paste

Pentru 4 persoane

30 ml / 2 linguri ulei de arahide

1 ceapă, feliată

450g/1lb ficat de pui, tăiat la jumătate

2 bucăți de țelină, tăiate felii

120 ml / 4 fl oz / ½ cană bulion de pui

15 ml / 1 lingură făină de porumb (amidon de porumb)

15 ml/1 lingura sos de soia

30 ml / 2 linguri de apă

clătite cu tăiței

Încinge uleiul și prăjește ceapa în el până se înmoaie. Adăugați ficatul de pui și prăjiți până se rumenește. Adăugați țelina și prăjiți timp de 1 minut. Se toarnă supa, se aduce la fierbere, se acoperă și se lasă să fiarbă 5 minute. Amestecați făina de porumb, sosul de soia și apa până devine o pastă, amestecați într-o tigaie și gătiți amestecând până când sosul este limpede și se îngroașă. Se toarnă amestecul peste tava de plăcintă și se servește.

Ficat de pui cu sos de stridii

Pentru 4 persoane

45 ml / 3 linguri ulei de arahide

1 ceapa, tocata

225 g ficat de pui, tăiat în jumătate

100 g ciuperci, feliate

30 ml / 2 linguri sos de stridii

15 ml/1 lingura sos de soia

15 ml / 1 lingura vin de orez sau sherry uscat

120 ml / 4 fl oz / ½ cană bulion de pui

5 ml/1 lingurita de zahar

15 ml / 1 lingură făină de porumb (amidon de porumb)

45 ml / 3 linguri de apă

Se încălzește jumătate din ulei și se prăjește ceapa până se înmoaie. Adăugați ficații de pui și prăjiți până încep să se coloreze. Se adauga ciupercile si se prajesc 2 minute. Amestecați sosul de stridii, sosul de soia, vinul sau sherry, bulionul și zahărul, turnați în tigaie și aduceți la fierbere amestecând. Amestecați făina de porumb și apa până devine o pastă, adăugați-o în tigaie și amestecați până când sosul este limpede și gros, iar ficatul este moale.

Ficat de pui de ananas

Pentru 4 persoane

225 g ficat de pui, tăiat în jumătate
45 ml / 3 linguri ulei de arahide
30 ml / 2 linguri sos de soia
15 ml / 1 lingură făină de porumb (amidon de porumb)
15 ml/1 lingura de zahar
15 ml/1 lingura otet de vin
Sare si piper proaspat macinat
100 g de ananas, tăiat în bucăți
60 ml / 4 linguri supă de pui

Se fierbe ficatul de pui în apă clocotită timp de 30 de secunde, apoi se scurge. Încinge uleiul și prăjește ficatul de pui în el timp de 30 de secunde. Amestecați sosul de soia, amidonul de porumb, zahărul, oțetul de vin, sare și piper, turnați în tigaie și amestecați bine pentru a acoperi ficatul de pui. Adăugați bucățile de ananas în bulion și prăjiți aproximativ 3 minute până când ficatul este fiert.

Ficat de pui dulce-acru

Pentru 4 persoane

30 ml / 2 linguri ulei de arahide

450g / 1lb ficat de pui, tăiat în sferturi

2 ardei verzi, tăiați în bucăți

4 felii de ananas din conserva, taiate bucatele

60 ml / 4 linguri supă de pui

30 ml / 2 linguri faina de porumb (amidon de porumb)

10 ml / 2 lingurite sos de soia

100 g / 4 oz / ½ cană zahăr

120 ml / 4 fl oz / ½ cană oțet de vin

120 ml / 4 fl oz / ½ cană apă

Se încălzește uleiul și se prăjește ficații în el până se rumenesc ușor, apoi se transferă pe o farfurie fierbinte de servire. Adăugați ardeiul în tigaie și prăjiți-l timp de 3 minute. Adăugați ananasul în bulion, aduceți la fierbere, acoperiți și fierbeți timp de 15 minute. Amestecați ingredientele rămase într-o pastă, amestecați în tigaie și gătiți, amestecând, până când sosul se îngroașă. Se toarnă peste ficatul de pui și se servește.

Pui cu litchi

Pentru 4 persoane

3 piept de pui

60 ml / 4 linguri faina de porumb (amidon de porumb)

45 ml / 3 linguri ulei de arahide

5 cepe de primavara (ceapa verde), taiate felii

1 ardei rosu, taiat bucatele

120 ml / 4 fl oz / ½ cană sos de roșii

120 ml / 4 fl oz / ½ cană bulion de pui

5 ml/1 lingurita de zahar

275 g / 10 oz lychees decojite

Tăiați pieptul de pui în jumătate și îndepărtați, aruncând oasele și pielea. Tăiați fiecare piept în 6 bucăți. Păstrați 5 ml/1 linguriță de făină de porumb și fierbeți puiul în rest până se îmbracă bine. Se încălzește uleiul și se prăjește puiul aproximativ 8 minute până se rumenește. Adăugați ceapa primăvară și ardeiul și prăjiți timp de 1 minut. Amestecați sosul de roșii, jumătate din bulion și zahărul și amestecați în wok cu litchiul. Aduceți la fierbere, acoperiți și fierbeți timp de aproximativ 10 minute până când puiul este gătit. Se amestecă făina de porumb şi bulionul rezervat, apoi se amestecă în oală. Se fierbe amestecând până când sosul se limpezeşte şi se îngroaşă.

Pui cu sos de litchi

Pentru 4 persoane

225 g de pui

1 ceapa primavara (salota)

4 castane de apă

30 ml / 2 linguri faina de porumb (amidon de porumb)

45 ml / 3 linguri sos de soia

30 ml / 2 linguri vin de orez sau sherry uscat

2 oua

Ulei pentru prajit

400 g conserva de litchi in sirop

5 linguri supa de pui

Tocați (mărunțiți) puiul cu ceapă primăvară și castane de apă. Se amestecă jumătate de porumb, 30 ml/2 linguri de sos de soia, vin sau sherry și albușuri. Formați amestecul în bile de mărimea unei nuci. Încinge uleiul și prăjește puiul până se rumenește. Scurgeți pe prosoape de hârtie.

Între timp, încălziți ușor siropul de litchi cu bulionul rezervat și sosul de soia. Se amestecă făina de porumb rămasă cu puțină apă, se toarnă în tigaie și se amestecă până când sosul devine limpede și se îngroașă. Adăugați litchiul și gătiți până se încălzesc. Așezați puiul pe o farfurie caldă de servire, turnați peste litchi și sos și serviți imediat.

Pui cu mangel-tout

Pentru 4 persoane

225 g pui, feliat subțire

5 ml / 1 lingurita faina de porumb (amidon de porumb)

5 ml / 1 linguriță vin de orez sau sherry uscat

5 ml/1 lingurita ulei de susan

1 albus de ou, batut usor

45 ml / 3 linguri ulei de arahide

1 cățel de usturoi, zdrobit

1 felie radacina de ghimbir, tocata

100 g mazăre de zăpadă

120 ml / 4 fl oz / ½ cană bulion de pui

Sare si piper proaspat macinat

Amestecați puiul cu porumb, vin sau sherry, ulei de susan și albuș. Se încălzește jumătate din ulei și se prăjește usturoiul și ghimbirul până se rumenesc ușor. Se adauga puiul si se prajeste pana se rumeneste, apoi se scoate din tigaie. Încinge uleiul rămas și prăjește cafeaua timp de 2 minute. Se toarnă supa, se aduce la fierbere, se acoperă și se lasă să fiarbă 2 minute. Reveniți puiul în tigaie și asezonați cu sare și piper. Se lasa la macerat pana se incalzeste.

Pui Mango

Pentru 4 persoane

100 g / 4 oz / 1 cană făină simplă (toate scopuri)

250 ml / 8 fl oz / 1 cană apă

2,5 ml / ½ linguriță sare

un praf de praf de copt

3 piept de pui

Ulei pentru prajit

1 felie radacina de ghimbir, tocata

150 ml / ¼ pt / ½ cană generos bulion de pui

45 ml / 3 linguri otet de vin

45 ml / 3 linguri vin de orez sau sherry uscat

20 ml / 4 lingurite sos de soia

10 ml / 2 lingurițe de zahăr

10 ml / 2 lingurițe de făină de porumb (amidon de porumb)

5 ml/1 lingurita ulei de susan

5 cepe de primavara (ceapa verde), taiate felii

400 g conserva de mango, scurs și tăiat fâșii

Bateți făina, apa, sarea și drojdia. Lasă-l să stea 15 minute. Scoateți pielea și oasele de pe pui. Tăiați puiul în fâșii subțiri. Adăugați-le în amestecul de făină. Se încălzește uleiul și se prăjește puiul aproximativ 5 minute până se rumenește. Scoateți din tavă și scurgeți-l pe un prosop de hârtie. Scoateți tot, cu excepția 15 ml / 1 lingură de ulei din wok și prăjiți ghimbirul până se rumenește ușor. Amestecați supa cu oțet de vin, vin sau sherry, sos de soia, zahăr, porumb și ulei de susan. Adăugați în tigaie și aduceți la fierbere în timp ce amestecați. Adăugați ceapa primăvară și fierbeți timp de 3 minute. Adăugați puiul și mango și prăjiți timp de 2 minute.

Pui și pepene galben

Pentru 4 persoane

350 g carne de pui

6 castane de apă

2 scoici decojite

4 felii de rădăcină de ghimbir

5 ml/1 lingurita de sare

15 ml/1 lingura sos de soia

600 ml / 1 linguriță / 2½ căni supă de pui

8 pepeni mici sau 4 medii

Toacă mărunt puiul, castanele, scoicile și ghimbirul și amestecăm cu sare, sosul de soia și bulionul. Tăiați vârful pepenilor și adunați semințele. Ferăstrău marginile superioare. Umpleți pepenii galbeni cu amestecul de pui și puneți-i pe grătar în cuptorul cu abur. Se fierbe peste apă clocotită timp de 40 de minute până când puiul este gătit.

Pui și ciuperci fierte

Pentru 4 persoane

45 ml / 3 linguri ulei de arahide
1 cățel de usturoi, zdrobit
1 ceapa primavara (ceapa verde), tocata
1 felie radacina de ghimbir, tocata
225 g piept de pui, tăiat în fulgi
225 g ciuperci
45 ml / 3 linguri sos de soia
15 ml / 1 lingura vin de orez sau sherry uscat
5 ml / 1 lingurita faina de porumb (amidon de porumb)

Se incinge uleiul si se calesc usturoiul, ceapa primavara si ghimbirul pana se rumenesc usor. Adăugați puiul și prăjiți timp de 5 minute. Adăugați ciupercile și prăjiți timp de 3 minute. Adăugați sosul de soia, vinul sau sherry și făina de porumb și amestecați până când puiul este gătit, aproximativ 5 minute.

Pui cu ciuperci și alune

Pentru 4 persoane

30 ml / 2 linguri ulei de arahide

2 catei de usturoi, macinati

1 felie radacina de ghimbir, tocata

450g / 1lb pui dezosat, feliat

225 g ciuperci

100 g / 4 oz muguri de bambus, tăiați în fâșii

1 ardei verde, feliat

1 ardei rosu, feliat

250 ml / 8 fl oz / 1 cană bulion de pui

30 ml / 2 linguri vin de orez sau sherry uscat

15 ml/1 lingura sos de soia

15 ml / 1 lingura sos Tabasco

30 ml / 2 linguri faina de porumb (amidon de porumb)

30 ml / 2 linguri de apă

Încinge uleiul, usturoiul și ghimbirul până când usturoiul se rumenește ușor. Adăugați puiul și prăjiți până se rumenește ușor. Adăugați ciupercile, lăstarul de bambus și piperul și prăjiți timp de 3 minute. Adăugați bulionul, vinul sau sherry, sosul de soia și sosul Tabasco și aduceți la fierbere, amestecând. Acoperiți și fierbeți timp de aproximativ 10 minute până când puiul este complet fiert. Se amestecă amidonul de porumb și apa și se adaugă la sos. Se fierbe amestecand pana cand sosul devine limpede si gros, daca sosul este prea gros mai adauga putina baza de supa sau apa.

Pui prajit cu ciuperci

Pentru 4 persoane

6 ciuperci chinezești uscate
1 piept de pui, taiat felii subtiri
1 felie radacina de ghimbir, tocata
2 cepe de primavara (ceapa verde), tocate
15 ml / 1 lingură făină de porumb (amidon de porumb)
15 ml / 1 lingura vin de orez sau sherry uscat
30 ml / 2 linguri de apă
2,5 ml / ½ linguriță sare
45 ml / 3 linguri ulei de arahide
225 g ciuperci feliate
100 g muguri de fasole
15 ml/1 lingura sos de soia
5 ml/1 lingurita de zahar
120 ml / 4 fl oz / ½ cană bulion de pui

Înmuiați ciupercile timp de 30 de minute în apă călduță, apoi scurgeți-le. Scoateți pietrele și tăiați capacele. Pune puiul într-un castron. Se amestecă ghimbirul, ceapa primăvară, porumbul, vinul sau sherry, apa și sarea, se amestecă puiul și se lasă să stea 1 oră. Se încălzește jumătate din ulei și se prăjește puiul până se rumenește ușor, apoi se scoate din tigaie. Se încălzește uleiul rămas și se prăjesc ciupercile proaspete uscate și mugurii de fasole timp de 3 minute. Adăugați sosul de soia, zahărul și bulionul, aduceți la fiert, acoperiți și gătiți timp de 4 minute până când legumele sunt doar fragede. Puiul se pune înapoi în tigaie, se amestecă bine și se încălzește puțin înainte de servire.

Pui la gratar cu ciuperci

Pentru 4 persoane

4 bucati de pui

30 ml / 2 linguri faina de porumb (amidon de porumb)

30 ml / 2 linguri sos de soia

3 cepe de primavara (ceapa verde), tocate

2 felii de rădăcină de ghimbir tocată

2,5 ml / ½ linguriță sare

100 g ciuperci, feliate

Tăiați bucățile de pui în bucăți de 5 cm/2 cm și puneți-le într-un bol rezistent la cuptor. Se amestecă făina de porumb și sosul de soia până se formează o pastă, se amestecă ceapa primăvară, ghimbirul și sarea și se amestecă bine cu puiul. Se amestecă ușor ciupercile. Pune vasul pe un grătar într-un cuptor cu abur, acoperă și fierbe la abur peste apă clocotită timp de aproximativ 35 de minute, până când puiul este fraged.

Pui cu ceapa

Pentru 4 persoane

60 ml / 4 linguri ulei de arahide

2 cepe, tocate

450 g / 1 kg pui, feliat

30 ml / 2 linguri vin de orez sau sherry uscat

250 ml / 8 fl oz / 1 cană bulion de pui

45 ml / 3 linguri sos de soia

30 ml / 2 linguri faina de porumb (amidon de porumb)

45 ml / 3 linguri de apă

Se incinge uleiul si se caleste ceapa in el pana se rumeneste usor. Adăugați puiul și prăjiți până se rumenește ușor. Adăugați vin sau sherry, bulion și sos de soia, aduceți la fierbere, acoperiți și fierbeți timp de 25 de minute până când puiul este fraged. Se amestecă făina de porumb și apa până la o pastă, se adaugă în tigaie și se fierbe, amestecând, până când sosul este limpede și se îngroașă.

Pui cu lămâie și portocale

Pentru 4 persoane

350 g / 1 lb pui, tăiat fâșii

30 ml / 2 linguri ulei de arahide

2 catei de usturoi, macinati

2 felii de rădăcină de ghimbir, tocate

coaja rasa de ½ portocala

coaja rasa de ½ lamaie

45 ml / 3 linguri suc de portocale

45 ml / 3 linguri suc de lamaie

15 ml/1 lingura sos de soia

3 cepe de primavara (ceapa verde), tocate

15 ml / 1 lingură făină de porumb (amidon de porumb)

45 ml/1 lingura de apa

Se fierbe puiul în apă clocotită timp de 30 de secunde, apoi se scurge. Încinge uleiul și prăjește usturoiul și ghimbirul timp de 30 de secunde. Adăugați coaja și sucul de portocale și lămâie, sosul de soia și ceapa primăvară și prăjiți timp de 2 minute. Adăugați puiul și fierbeți câteva minute până când puiul este fraged. Amestecați porumbul de porumb și apa până la o pastă, amestecați într-o tigaie și amestecați până când sosul se îngroașă.

Pui cu sos de stridii

Pentru 4 persoane

30 ml / 2 linguri ulei de arahide
1 cățel de usturoi, zdrobit
1 felie de ghimbir, tocata marunt
450 g / 1 kg pui, feliat
250 ml / 8 fl oz / 1 cană bulion de pui
30 ml / 2 linguri sos de stridii
15 ml / 1 lingura vin de orez sau sherry
5 ml/1 lingurita de zahar

Se încălzește ulei cu usturoi și ghimbir și se prăjește până se rumenește deschis. Adăugați puiul și prăjiți până se rumenește ușor, aproximativ 3 minute. Adăugați bulionul, sosul de stridii, vinul sau sherry și zahărul, aduceți la fiert în timp ce amestecați, apoi acoperiți și gătiți, amestecând din când în când, până când puiul este gătit, aproximativ 15 minute. Scoateți capacul și continuați să gătiți, amestecând, până când sosul se reduce și se îngroașă, aproximativ 4 minute.

Pui cu unt de arahide

Pentru 4 persoane

4 piepti de pui, taiati cubulete
Sare si piper proaspat macinat
5 ml / 1 linguriță praf de cinci condimente
45 ml / 3 linguri ulei de arahide
1 ceapă, feliată
2 morcovi, feliați
1 tulpină de țelină, tocată
300 ml / ½ pt / 1¼ cană bulion de pui
10 ml / 2 lingurite pasta de rosii (concentrata)
100 g unt de arahide
15 ml/1 lingura sos de soia
10 ml / 2 lingurițe de făină de porumb (amidon de porumb)
un praf de zahar brun
15 ml/1 lingura zapada tocata

Asezonați puiul cu sare, piper și praf de cinci condimente. Încinge uleiul și prăjește puiul până se înmoaie. Scoateți din tigaie. Adăugați legumele și prăjiți până se înmoaie, dar încă crocant. Se amestecă supa cu celelalte ingrediente, cu excepția zăpezii, se amestecă în tigaie și se aduce la fierbere. Reveniți puiul în tigaie și încălziți în timp ce amestecați. Se serveste presarata cu zahar.

Pui cu mazăre

Pentru 4 persoane

60 ml / 4 linguri ulei de arahide

1 ceapa, tocata

450 g / 1 lb pui tăiat cubulețe

Sare si piper proaspat macinat

100 g mazăre

2 tulpini de telina, tocate

100 g ciuperci tocate

250 ml / 8 fl oz / 1 cană bulion de pui

15 ml / 1 lingură făină de porumb (amidon de porumb)

15 ml/1 lingura sos de soia

60 ml / 4 linguri de apă

Se incinge uleiul si se caleste ceapa in el pana se rumeneste usor. Se adauga puiul si se prajeste pana se rumeneste. Se condimentează cu sare și piper, se adaugă mazărea, țelina și ciupercile și se amestecă bine. Se toarnă supa, se aduce la fierbere, se acoperă și se lasă să fiarbă 15 minute. Amestecați făina de porumb, sosul de soia și apa într-o pastă, amestecați într-o tigaie și gătiți, amestecând, până când sosul este limpede și se îngroașă.

Pui pechinez

Pentru 4 persoane

4 portii de pui

Sare si piper proaspat macinat

5 ml/1 lingurita de zahar

1 ceapa primavara (ceapa verde), tocata

1 felie radacina de ghimbir, tocata

15 ml/1 lingura sos de soia

15 ml / 1 lingura vin de orez sau sherry uscat

15 ml / 1 lingură făină de porumb (amidon de porumb)

Ulei pentru prajit

Puneți bucățile de pui într-un castron adânc și stropiți cu sare și piper. Se amestecă zahărul, ceapa primăvară, ghimbirul, sosul de soia și vinul sau sherry, se freacă puiul, se acopera și se lasă la marinat timp de 3 ore. Scoateți puiul și stropiți cu porumb. Încinge uleiul și prăjește puiul până se rumenește și este fiert. Se amestecă bine înainte de a servi.

Pui la ardei

Pentru 4 persoane

60 ml / 4 linguri sos de soia

45 ml / 3 linguri vin de orez sau sherry uscat

45 ml / 3 linguri faina de porumb (amidon de porumb)

450 g pui, tocat (tocat)

60 ml / 4 linguri ulei de arahide

2,5 ml / ½ linguriță sare

2 catei de usturoi, macinati

2 ardei rosii, feliati

1 ardei verde, feliat

5 ml/1 lingurita de zahar

300 ml / ½ pt / 1¼ cană bulion de pui

Se amestecă jumătate de sos de soia, jumătate de vin sau sherry și jumătate de porumb. Se toarna peste pui, se amesteca bine si se lasa la marinat cel putin 1 ora. Se încălzește jumătate din ulei cu sare și usturoi până se rumenește ușor. Adăugați puiul în marinadă și prăjiți aproximativ 4 minute, până când puiul devine alb, apoi scoateți din tigaie. Adăugați uleiul rămas în tigaie și prăjiți ardeiul timp de 2 minute. Adăugați zahărul în tigaie cu sosul de soia rămas, vinul sau sherry și făina de porumb și amestecați bine. Se adauga bulionul, se aduce la fiert si se fierbe, amestecand, pana se ingroasa sosul. Întoarceți puiul în tigaie

Pui prăjit cu boia

Pentru 4 persoane

1 piept de pui, taiat felii subtiri
2 felii de rădăcină de ghimbir, tocate
2 cepe de primavara (ceapa verde), tocate
15 ml / 1 lingură făină de porumb (amidon de porumb)
30 ml / 2 linguri vin de orez sau sherry uscat
30 ml / 2 linguri de apă
2,5 ml / ½ linguriță sare
45 ml / 3 linguri ulei de arahide
100 g castane de apa, tocate
1 ardei rosu, taiat fasii
1 ardei verde, tăiat fâșii
1 ardei galben, tăiat fâșii
30 ml / 2 linguri sos de soia
120 ml / 4 fl oz / ½ cană bulion de pui

Pune puiul într-un castron. Se amestecă ghimbirul, ceapa primăvară, porumbul, vinul sau sherry, apa și sarea, se amestecă puiul și se lasă să stea 1 oră. Se încălzește jumătate din ulei și se prăjește puiul până se rumenește ușor, apoi se scoate din tigaie. Încinge uleiul rămas și prăjește castane de apă și ardei timp de 2 minute. Adăugați sosul de soia și bulionul, aduceți la fierbere, acoperiți și gătiți timp de 5 minute până când legumele sunt doar fragede. Puiul se pune înapoi în tigaie, se amestecă bine și se încălzește puțin înainte de servire.

Pui și ananas

Pentru 4 persoane

30 ml / 2 linguri ulei de arahide

5 ml/1 lingurita de sare

2 catei de usturoi, macinati

450 g / 1 lb pui dezosat, feliat subțire

2 cepe, feliate

100 g castane de apa, tocate

100 g de ananas, tăiat în bucăți

30 ml / 2 linguri vin de orez sau sherry uscat

450 ml / ¾ qt / 2 cesti supa de pui

5 ml/1 lingurita de zahar

piper proaspăt măcinat

30 ml / 2 linguri suc de ananas

30 ml / 2 linguri sos de soia

30 ml / 2 linguri faina de porumb (amidon de porumb)

Încinge uleiul, sarea și usturoiul până când usturoiul se rumenește ușor. Adăugați puiul și prăjiți timp de 2 minute. Adăugați ceapa, castanele de apă și ananasul și prăjiți timp de 2 minute. Adăugați vin sau sherry, bulion și zahăr și asezonați cu piper. Se aduce la fierbere, se acopera si se lasa la fiert 5 minute. Se amestecă sucul de ananas, sosul de soia și amidonul de porumb. Adăugați în tigaie și gătiți, amestecând, până când sosul se îngroașă și se limpezește.

Carne de porc înăbușită picant

Pentru 4 persoane

450 g / 1 lb carne de porc

sare si piper

30 ml / 2 linguri sos de soia

30 ml / 2 linguri sos hoisin

45 ml / 3 linguri ulei de arahide

120 ml / 4 fl oz / ½ cană vin de orez sau sherry uscat

300 ml / ½ pt / 1¼ cană bulion de pui

5 ml / 1 linguriță praf de cinci condimente

6 cepe de primavara (ceapa verde), tocate

225 g ciuperci stridii, feliate

15 ml / 1 lingură făină de porumb (amidon de porumb)

Se condimentează carnea cu sare și piper. Se aseaza pe o farfurie si se amesteca sosul de soia si sosul hoisin. Acoperiți și marinați timp de 1 oră. Încinge uleiul și prăjește carnea până se rumenește. Adăugați vin sau sherry, bulion și cinci mirodenii pudră, aduceți la fierbere, acoperiți și fierbeți timp de 1 oră. Adaugati ceapa primavara si ciupercile, scoateti capacul si gatiti inca 4 minute. Amestecați amidonul de porumb cu puțină apă, fierbeți din nou și fierbeți, amestecând, timp de 3 minute până se îngroașă sosul.

Sandvișuri cu carne de porc înăbușită

Pentru a 12-a

30 ml / 2 linguri sos hoisin

15 ml/1 lingura sos de stridii

15 ml/1 lingura sos de soia

2,5 ml / ½ linguriță ulei de susan

30 ml / 2 linguri ulei de arahide

10 ml / 2 lingurițe rădăcină de ghimbir rasă

1 cățel de usturoi, zdrobit

300 ml / ½ pt / 1¼ cană apă

15 ml / 1 lingură făină de porumb (amidon de porumb)

225 g carne de porc fiarta, tocata marunt

4 cepe de primavara (ceapa verde), tocate marunt

350 g / 12 oz / 3 căni de făină simplă (toate scopuri)

15 ml/1 lingura praf de copt

2,5 ml / ½ linguriță sare

50 g / 2 oz / ½ cană grăsime

5 ml/1 lingurita otet de vin

12 x 13 cm / 5 pătrate hârtie ceară

Se amestecă hoisin, stridiile și sosul de soia și uleiul de susan. Încinge uleiul și prăjește ghimbirul și usturoiul până se rumenesc ușor. Adăugați amestecul de sos și prăjiți timp de 2 minute. Se amestecă 120 ml / 4 fl oz / ½ cană de apă cu amidonul de porumb și se amestecă în tigaie. Se aduce la fierbere amestecând, apoi se lasă să fiarbă până când amestecul se îngroașă. Se amestecă carnea de porc și ceapa și se răcește.

Se amestecă făina, praful de copt și sarea. Ungeți cu grăsime până când amestecul seamănă cu pesmetul fin. Se amestecă oțetul de vin și apa rămasă și se amestecă cu făina pentru a forma o pastă compactă. Se framanta usor pe o suprafata infainata, apoi se acopera si se lasa sa se odihneasca 20 de minute.

Frământați din nou aluatul, apoi împărțiți-l în 12 bucăți și modelați fiecare câte o bilă. Rulați pe o tavă de copt cu făină la 15 cm / 6 în cerc. Așezați o lingură de umplutură în centrul fiecărui cerc, ungeți marginile cu apă și apăsați marginile împreună pentru a sigila umplutura. Ungeți o parte a fiecărui pătrat de hârtie de pergament cu ulei. Așezați fiecare pâine pe un pătrat de hârtie, cu cusătura în jos. Așezați sandvișurile într-un singur strat pe un suport pentru aburi peste apă clocotită. Acoperiți și gătiți sandvișurile timp de aproximativ 20 de minute până când sunt fierte.

Carne de porc cu varză

Pentru 4 persoane

6 ciuperci chinezești uscate
30 ml / 2 linguri ulei de arahide
450 g / 1 lb carne de porc tăiată fâșii
2 cepe, feliate
2 ardei rosii, taiati fasii
350 g varză albă tocată
2 catei de usturoi, tocati
2 bucati de ghimbir tocat tocat
30 ml / 2 linguri de miere
45 ml / 3 linguri sos de soia
120 ml / 4 fl oz / ½ cană vin alb uscat
sare si piper
10 ml / 2 lingurițe de făină de porumb (amidon de porumb)
15 ml/1 lingura de apa

Înmuiați ciupercile timp de 30 de minute în apă călduță, apoi scurgeți-le. Scoateți pietrele și tăiați capacele. Încinge uleiul și prăjește carnea de porc până se rumenește ușor. Adăugați legumele, usturoiul și ghimbirul și prăjiți timp de 1 minut.

Adăugați mierea, sosul de soia și vinul, aduceți la fierbere, acoperiți și fierbeți timp de 40 de minute până când carnea este fiartă. Asezonați cu sare și piper. Combinați făina de porumb și apa și amestecați în tigaie. Se aduce la fierbere, amestecând continuu, apoi se lasă să fiarbă 1 minut.

Carne de porc cu varza si rosii

Pentru 4 persoane

30 ml / 2 linguri ulei de arahide

450 g / 1 lb carne de porc slabă, feliată

Sare si piper proaspat macinat

1 cățel de usturoi, zdrobit

1 ceapa, tocata marunt

½ varză, tocată

450 g roșii decojite și tăiate în sferturi

250 ml / 8 fl oz / 1 cană bulion

30 ml / 2 linguri faina de porumb (amidon de porumb)

15 ml/1 lingura sos de soia

60 ml / 4 linguri de apă

Se încălzește uleiul și se prăjește carnea de porc, sarea, piperul, usturoiul și ceapa până se rumenesc ușor. Adăugați în supă varza, roșiile, aduceți la fierbere, acoperiți și fierbeți timp de 10 minute până când varza este pur și simplu moale. Amestecați făina de porumb, sosul de soia și apa într-o pastă, amestecați într-o tigaie și gătiți, amestecând, până când sosul este limpede și se îngroașă.

Carne de porc marinata cu varza

Pentru 4 persoane

350 g burtă de porc

2 cepe de primavara (ceapa verde), tocate

1 felie radacina de ghimbir, tocata

1 baton de scortisoara

3 batoane de anason

45 ml / 3 linguri zahăr brun

600 ml / 1 pt / 2½ căni de apă

15 ml / 1 lingura ulei de arahide

15 ml/1 lingura sos de soia

5 ml / 1 lingurita pasta de rosii (concentrat)

5 ml / 1 linguriță sos de stridii

100 g inimioare de varză chinezească

100 g bok choy

Tăiați carnea de porc în bucăți de 10 cm/4 cm și puneți-o într-un castron. Adauga ceapa primavara, ghimbir, scortisoara, anason stelat, zahar si apa si lasa sa stea 40 de minute. Se incinge uleiul, se scoate carnea de porc din marinata si se adauga in tigaie. Se prajesc pana se rumenesc usor, apoi se adauga sosul de soia, piureul de rosii si sosul de stridii. Se aduce la fierbere și se gătește până când carnea de porc este fragedă și lichidul s-a redus, aproximativ 30 de minute, adăugând puțină apă la nevoie în timpul gătirii.

Între timp, fierbeți inimioarele de varză și bok choi în apă clocotită aproximativ 10 minute până când se înmoaie. Aranjați-le pe o plită încinsă, ornați cu carne de porc și acoperiți cu sos.

Telina de porc

Pentru 4 persoane

45 ml / 3 linguri ulei de arahide

1 căţel de usturoi, zdrobit

1 ceapa primavara (ceapa verde), tocata

1 felie radacina de ghimbir, tocata

225 g carne slabă de porc tăiată fâşii

100 g ţelină, feliată subţire

45 ml / 3 linguri sos de soia

15 ml / 1 lingura vin de orez sau sherry uscat

5 ml / 1 lingurita faina de porumb (amidon de porumb)

Se incinge uleiul si se calesc usturoiul, ceapa primavara si ghimbirul pana se rumenesc usor. Adăugaţi carnea de porc şi prăjiţi timp de 10 minute până se rumeneşte. Adăugaţi ţelina şi prăjiţi timp de 3 minute. Adăugaţi restul ingredientelor şi prăjiţi timp de 3 minute.

Carne de porc cu castane si ciuperci

Pentru 4 persoane

4 ciuperci chinezești uscate

100 g / 4 oz / 1 cană castane

30 ml / 2 linguri ulei de arahide

2,5 ml / ½ linguriță sare

450g / 1lb carne de porc slabă, feliată

15 ml/1 lingura sos de soia

375 ml supa de pui

100 g castane de apa, tocate

Înmuiați ciupercile timp de 30 de minute în apă călduță, apoi scurgeți-le. Scoateți pietrele și tăiați capacele în jumătate. Se fierb castanele timp de 1 minut in apa clocotita si apoi se scurg. Se încălzește uleiul și sarea, apoi se prăjește carnea de porc până se rumenește ușor. Adăugați sos de soia și prăjiți timp de 1 minut. Se toarnă supa și se aduce la fierbere. Adaugam castane si castane de apa, readucem la fiert, acoperim si fierbem aproximativ o ora si jumatate pana se inmoaie carnea.

Cotlet de porc

Pentru 4 persoane

100 g / 4 oz muguri de bambus, tăiați în fâșii
100 g castane de apă, tăiate în felii subțiri
60 ml / 4 linguri ulei de arahide
3 cepe de primavara (ceapa verde), tocate
2 catei de usturoi, macinati
1 felie radacina de ghimbir, tocata
225 g carne slabă de porc tăiată fâșii
45 ml / 3 linguri sos de soia
15 ml / 1 lingura vin de orez sau sherry uscat
5 ml/1 lingurita de sare
5 ml/1 lingurita de zahar
piper proaspăt măcinat
15 ml / 1 lingură făină de porumb (amidon de porumb)

Albește mugurii de bambus și udă castanele în apă clocotită timp de 2 minute, apoi se scurg și se usucă. Se încălzește 45 ml / 3 linguri de ulei și se prăjește ceapa primăvară, usturoiul și ghimbirul până se rumenesc ușor. Adăugați carnea de porc și prăjiți timp de 4 minute. Scoateți din tigaie.

Încinge uleiul rămas și prăjește legumele timp de 3 minute. Adăugați carnea de porc, sosul de soia, vinul sau sherry, sare, zahărul și un praf de piper și prăjiți timp de 4 minute. Făina de porumb se amestecă cu puțină apă, se toarnă în creveți și se fierbe, amestecând, până când sosul este limpede și se îngroașă.

Chow Mein de porc

Pentru 4 persoane

4 ciuperci chinezești uscate
30 ml / 2 linguri ulei de arahide
2,5 ml / ½ linguriță sare
4 cepe de primavara (ceapa verde), tocate
225 g carne slabă de porc tăiată fâșii
15 ml/1 lingura sos de soia
5 ml/1 lingurita de zahar
3 tulpini de telina, tocate
1 ceapă, tăiată în sferturi
100 g ciuperci, tăiate la jumătate
120 ml / 4 fl oz / ½ cană bulion de pui
spaghete prajite

Înmuiați ciupercile timp de 30 de minute în apă călduță, apoi scurgeți-le. Scoateți pietrele și tăiați capacele. Se incinge uleiul si sarea si se caleste ceapa primavara pana se inmoaie. Adăugați carnea de porc și prăjiți până se rumenește ușor. Se amestecă sosul de soia, zahărul, țelina, ceapa și ciupercile proaspete și uscate și se prăjesc aproximativ 4 minute, până când ingredientele sunt bine combinate. Se toarnă supa și se fierbe timp de 3 minute. Adăugați jumătate de paste în tigaie și amestecați ușor, apoi adăugați pastele rămase și amestecați până se încălzesc.

Friptură de porc Chow Mein

Pentru 4 persoane

100 g muguri de fasole

45 ml / 3 linguri ulei de arahide

100 g varză chinezească, tocată

225 g friptură de porc, tăiată în felii

5 ml/1 lingurita de sare

15 ml / 1 lingura vin de orez sau sherry uscat

Se albesc mugurii de fasole în apă clocotită timp de 4 minute, apoi se scurg. Se incinge uleiul si se prajesc mugurii de fasole si varza pana se inmoaie. Adăugați carnea de porc, sarea și sherry și prăjiți până se încinge. Adăugați jumătate din pastele scurse în tigaie și amestecați ușor până se încălzesc. Adăugați pastele rămase și amestecați până se încălzesc.

Carne de porc Chutney

Pentru 4 persoane

5 ml / 1 linguriță praf de cinci condimente

5 ml/1 lingurita pudra de curry

450 g / 1 lb carne de porc tăiată fâșii

30 ml / 2 linguri ulei de arahide

6 ceapa primavara (ceapa verde), taiata fasii

1 tulpină de țelină, tăiată fâșii

100 g muguri de fasole

1 borcan 200g / 7oz murături chinezești dulci, feliate

45 ml / 3 linguri chutney de mango

30 ml / 2 linguri sos de soia

30 ml / 2 linguri sos de rosii (paste)

150 ml / ¼ pt / ½ cană generos bulion de pui

10 ml / 2 lingurițe de făină de porumb (amidon de porumb)

Frecați bine carnea de porc cu condimentele. Încinge uleiul și prăjește carnea timp de 8 minute sau până când este gătită. Scoateți din tigaie. Adăugați legumele în tigaie și prăjiți timp de 5 minute. Întoarceți carnea de porc în tigaie cu toate ingredientele rămase, cu excepția porumbului. Se amestecă până se încălzește. Amestecați amidonul de porumb cu puțină apă, turnați în tigaie și amestecați până se îngroașă sosul.

Murături de porc

Pentru 4 persoane

225 g carne slabă de porc tăiată fâşii
30 ml / 2 linguri făină simplă (toate scopuri)
Sare si piper proaspat macinat
60 ml / 4 linguri ulei de arahide
225 g castraveţi curăţaţi şi tăiaţi felii
30 ml / 2 linguri sos de soia

Adăugaţi carnea de porc în făină şi asezonaţi cu sare şi piper. Se încălzeşte uleiul şi se prăjeşte carnea de porc aproximativ 5 minute până este gătită. Se adauga castravetele si sosul de soia si se prajesc inca 4 minute. Verificaţi şi ajustaţi condimentele şi serviţi cu orez prăjit.

Pachete crocante de porc

Pentru 4 persoane

4 ciuperci chinezești uscate
30 ml / 2 linguri ulei de arahide
225 g file de porc, tocat
50 g creveți decojiți, tăiați felii
15 ml/1 lingura sos de soia
15 ml / 1 lingură făină de porumb (amidon de porumb)
30 ml / 2 linguri de apă
8 rulouri de primăvară
100 g / 4 oz / 1 cană de porumb (amidon de porumb)
Ulei pentru prajit

Înmuiați ciupercile timp de 30 de minute în apă călduță, apoi scurgeți-le. Scoateți tulpinile și tăiați mărunt capacele. Încinge uleiul și prăjește în el ciupercile, carnea de porc, creveții și sosul de soia timp de 2 minute. Se amestecă făina de porumb și apa până se formează o pastă și se adaugă la amestec pentru a face umplutura.

Tăiați fâșii fâșii, puneți puțină umplutură la capătul fiecăruia și rulați-i în triunghiuri, care se închid cu puțină făină și apă. Se presară generos cu porumb. Încinge uleiul și prăjește triunghiurile până devin crocante și aurii. Se amestecă bine înainte de a servi.

Rulouri de porc cu ou

Pentru 4 persoane

225 g carne slabă de porc, tocată
1 felie radacina de ghimbir, tocata
1 ceapa primavara tocata
15 ml/1 lingura sos de soia
15 ml/1 lingura de apa
12 rulouri de primăvară
1 ou, batut
Ulei pentru prajit

Amestecați carnea de porc, ghimbirul, ceapa, sosul de soia și apa. Asezati putina umplutura in mijlocul fiecarei coaja si ungeti marginile cu ou batut. Îndoiți părțile laterale, apoi rulați rulada de ouă departe de dvs., sigilând marginile cu ou. Gătiți pe grătar la aburi timp de 30 de minute, până când carnea de porc este gătită. Se incinge uleiul si se prajesc cateva minute pana devin maro auriu.

Rulouri cu ouă cu carne de porc și creveți

Pentru 4 persoane

30 ml / 2 linguri ulei de arahide
225 g carne slabă de porc, tocată
6 cepe de primavara (ceapa verde), tocate
225 g muguri de fasole
100 g creveți curățați, tăiați felii
15 ml/1 lingura sos de soia
2,5 ml / ½ linguriță sare
12 rulouri de primăvară
1 ou, batut
Ulei pentru prajit

Se încălzește uleiul și se prăjește carnea de porc și ceapa primăvară până se rumenesc ușor. Intre timp, se calesc mugurii de fasole in apa clocotita timp de 2 minute si apoi se scurg. Adăugați mugurii de fasole în tigaie și prăjiți-i timp de 1 minut. Se adauga crevetii, sosul de soia si sarea si se prajesc 2 minute. Lasă-l să se răcească.

Asezati putina umplutura in mijlocul fiecarei coaja si ungeti marginile cu ou batut. Îndoiți părțile laterale, apoi rulați rulourile de primăvară, lipiți marginile cu ou. Încinge uleiul și prăjește rulourile de primăvară până devin crocante și aurii.

Carne de porc la gratar cu oua

Pentru 4 persoane

450 g / 1 lb carne de porc slabă

30 ml / 2 linguri ulei de arahide

1 ceapa, tocata

90 ml / 6 linguri sos de soia

45 ml / 3 linguri vin de orez sau sherry uscat

15 ml/1 lingura zahar brun

3 oua fierte tari (fierte)

Se pune o oală cu apă la fiert, se adaugă carnea de porc, se aduce din nou la fiert și se fierbe până este gătită. Se scot din tava, se scurg bine si se taie cubulete. Încinge uleiul și prăjește ceapa în el până se înmoaie. Adăugați carnea de porc și prăjiți până se rumenește ușor. Amestecați sosul de soia, vinul sau sherry și zahărul, acoperiți și fierbeți timp de 30 de minute, amestecând din când în când. Tăiați ușor exteriorul ouălor, apoi adăugați-le în tigaie, acoperiți și fierbeți încă 30 de minute.

Porc de foc

Pentru 4 persoane

450 g file de porc, tăiat fâșii

30 ml / 2 linguri sos de soia

30 ml / 2 linguri sos hoisin

5 ml / 1 linguriță praf de cinci condimente

15 ml / 1 lingura piper

15 ml/1 lingura zahar brun

15 ml/1 lingura ulei de susan

30 ml / 2 linguri ulei de arahide

6 cepe de primavara (ceapa verde), tocate

1 ardei verde, tăiat în bucăți

200 g muguri de fasole

2 felii de ananas feliate

45 ml / 3 linguri ketchup de roșii (catsup)

150 ml / ¼ pt / ½ cană generos bulion de pui

Pune carnea într-un bol. Se amestecă sosul de soia, sosul hoisin, praf de cinci condimente, piperul și zahărul, se toarnă peste carne și se lasă la marinat timp de 1 oră. Încinge uleiul și prăjește carnea până se rumenește. Scoateți din tigaie. Se adauga legumele si se prajesc 2 minute. Adăugați ananasul, ketchup-ul și bulionul și aduceți la fiert. Întoarceți carnea în tigaie și reîncălziți înainte de servire.

File de porc prajit

Pentru 4 persoane

350 g file de porc, tăiat cubulețe
15 ml / 1 lingura vin de orez sau sherry uscat
15 ml/1 lingura sos de soia
5 ml/1 lingurita ulei de susan
30 ml / 2 linguri faina de porumb (amidon de porumb)
Ulei pentru prajit

Amestecați carnea de porc, vinul sau sherry, sosul de soia, uleiul de susan și făina de porumb, astfel încât carnea de porc să fie acoperită cu un aluat gros. Încinge uleiul și prăjește carnea de porc aproximativ 3 minute până devine crocantă. Scoateți carnea de porc din tigaie, încălziți uleiul și prăjiți aproximativ 3 minute.

Carne de porc cu cinci condimente

Pentru 4 persoane

225 g carne de porc slaba

5 ml / 1 lingurita faina de porumb (amidon de porumb)

2,5 ml / ½ linguriță pudră de cinci condimente

2,5 ml / ½ linguriță sare

15 ml / 1 lingura vin de orez sau sherry uscat

20 ml / 2 linguri ulei de arahide

120 ml / 4 fl oz / ½ cană bulion de pui

Tăiați felii subțiri peste bob. Se amestecă carnea de porc cu porumb, praf de cinci condimente, sare și vin sau sherry și se amestecă bine pentru a acoperi carnea de porc. Se lasa sa stea 30 de minute, amestecand din cand in cand. Se încălzește uleiul, se adaugă carnea de porc și se prăjește aproximativ 3 minute. Se toarnă supa, se aduce la fierbere, se acoperă și se lasă să fiarbă 3 minute. Serviți imediat.

Carne de porc parfumată înăbușită

Pentru 6-8 persoane

1 bucată de coajă de mandarină

45 ml / 3 linguri ulei de arahide

900g / 2lb carne de porc slabă, feliată

250 ml / 8 fl oz / 1 cană vin de orez sau sherry uscat

120 ml / 4 fl oz / ½ cană sos de soia

2,5 ml / ½ linguriță de pudră de anason

½ baton de scortisoara

4 catei de usturoi

5 ml/1 lingurita de sare

250 ml / 8 fl oz / 1 cană apă

2 cepe de primavara (ceapa verde), taiate felii

1 felie radacina de ghimbir, tocata

În timpul pregătirii preparatului, înmuiați coaja de mandarine în apă. Încinge uleiul și prăjește carnea de porc până se rumenește ușor. Adăugați vin sau sherry, sos de soia, praf de anason, scorțișoară, cuișoare, sare și apă. Se fierbe, se adauga coaja de mandarina, ceapa primavara si ghimbirul. Acoperiți și fierbeți până se înmoaie, aproximativ 1 1/2 oră, amestecând din când în când și adăugând puțină apă clocotită dacă este necesar. Scoateți condimentele înainte de servire.

Carne de porc cu usturoi tocat

Pentru 4 persoane

450g / 1lb burtă de porc fără piele
3 felii de rădăcină de ghimbir
2 cepe de primavara (ceapa verde), tocate
30 ml / 2 linguri de usturoi tocat
30 ml / 2 linguri sos de soia
5 ml/1 lingurita de sare
15 ml/1 lingura supa de pui
2,5 ml / ½ linguriță ulei de chili
4 pahare coriandru

Pune carnea de porc într-o tigaie cu ghimbir și ceapă primăvară, se acoperă cu apă, se aduce la fierbere și se gătește timp de 30 de minute până se fierbe. Scoateți și scurgeți bine, apoi feliați subțiri aproximativ 5 cm/2 pătrate. Aranjați feliile într-o strecurătoare de metal. Fierbeți o oală cu apă, adăugați feliile de porc și gătiți timp de 3 minute pentru a se încălzi. Aranjați pe un platou cald de servire. Se amestecă usturoiul, sosul de soia, sarea, bulionul și uleiul de chili și se toarnă peste carnea de porc. Serviți ornat cu coriandru.

Friptură de porc cu ghimbir

Pentru 4 persoane

225 g carne de porc slaba

5 ml / 1 lingurita faina de porumb (amidon de porumb)

30 ml / 2 linguri sos de soia

30 ml / 2 linguri ulei de arahide

1 felie radacina de ghimbir, tocata

1 ceapa primavara (salota), taiata felii

45 ml / 3 linguri de apă

5 ml/1 lingurita zahar brun

Tăiați felii subțiri peste bob. Amestecați făina de porumb, apoi stropiți cu sos de soia și amestecați din nou. Încinge uleiul și prăjește carnea de porc timp de 2 minute pentru a se etanșa bine. Adăugați ghimbirul și usturoiul și prăjiți timp de 1 minut. Adăugați apă și zahăr, acoperiți și fierbeți timp de aproximativ 5 minute până când sunt fierte.

Carne de porc cu fasole verde

Pentru 4 persoane

450g / 1lb fasole verde, tăiată în bucăți
30 ml / 2 linguri ulei de arahide
2,5 ml / ½ linguriță sare
1 felie radacina de ghimbir, tocata
225 g carne de porc slaba, macinata (tocata)
120 ml / 4 fl oz / ½ cană bulion de pui
75 ml / 5 linguri de apă
2 oua
15 ml / 1 lingură făină de porumb (amidon de porumb)

Se fierbe fasolea pentru aproximativ 2 minute, apoi se scurge. Încinge uleiul și prăjește sarea și ghimbirul pentru câteva secunde. Adăugați carnea de porc și prăjiți până se rumenește ușor. Se adauga fasolea si se prajeste 30 de secunde, amestecand cu ulei. Se adauga bulionul, se aduce la fierbere, se acopera si se lasa sa fiarba 2 minute. Bateți 30 ml / 2 linguri de apă cu ouăle și amestecați-le în tigaie. Amestecați apa rămasă cu amidonul de porumb. Când ouăle încep să se îngroașe, amestecați făina de porumb și gătiți până când amestecul se îngroașă. Serviți imediat.

Carne de porc cu sunca si tofu

Pentru 4 persoane

4 ciuperci chinezești uscate

5 ml / 1 linguriță ulei de arahide

100 g sunca afumata, taiata in felii

225 g tofu feliat

225 g carne slabă de porc, tăiată în felii

15 ml / 1 lingura vin de orez sau sherry uscat

Sare si piper proaspat macinat

1 felie radacina de ghimbir, tocata

1 ceapa primavara (ceapa verde), tocata

10 ml / 2 lingurițe de făină de porumb (amidon de porumb)

30 ml / 2 linguri de apă

Înmuiați ciupercile timp de 30 de minute în apă călduță, apoi scurgeți-le. Scoateți pietrele și tăiați capacele în jumătate. Ungeți o tigaie fierbinte cu ulei de arahide. Aranjați ciupercile, șunca, tofu și carnea de porc în straturi pe o farfurie, cu carnea de porc deasupra. Se toarnă vin sau sherry, sare și piper, ghimbir și ceapa primăvară. Acoperiți și fierbeți la abur pe un grătar peste apă clocotită timp de aproximativ 45 de minute până când sunt fierte. Scurgeți sosul din bol fără a atinge ingredientele. Adăugați suficientă apă pentru a face 250 ml / 8 fl oz / 1 cană. Se amestecă amidonul de porumb și apa și se adaugă la sos. Se pune intr-un castron si se fierbe amestecand pana cand sosul se limpezeste si se ingroasa. Turnați amestecul de carne de porc pe o farfurie de servire caldă,

Frigarui de porc prajit

Pentru 4 persoane

450 g file de porc, tăiat în felii subțiri
100 g sunca fiarta, taiata in felii subtiri
6 castane de apă feliate subțiri
30 ml / 2 linguri sos de soia
30 ml / 2 linguri de otet de vin
15 ml/1 lingura zahar brun
15 ml/1 lingura sos de stridii
câteva picături de ulei de chili
45 ml / 3 linguri faina de porumb (amidon de porumb)
30 ml / 2 linguri vin de orez sau sherry uscat
2 oua batute
Ulei pentru prajit

Pe frigarui se aseaza alternativ carnea de porc, sunca si castanele de apa. Amestecați sosul de soia, oțetul de vin, zahărul, sosul de stridii și uleiul de chili. Se toarna peste frigarui, se acopera si se lasa la marinat la frigider 3 ore. Amestecați porumbul, vinul sau sherry și ouăle până când sunt omogene și dense. Rulați frigăruile în aluat pentru a se acoperi. Se incinge uleiul si se prajesc frigaruile pana se rumenesc.

Cot de porc înăbușit cu sos roșu

Pentru 4 persoane

1 cățel mare de porc

1 l / 1½ pt / 4¼ cani de apă clocotită

5 ml/1 lingurita de sare

120 ml / 4 fl oz / ½ cană oțet de vin

120 ml / 4 fl oz / ½ cană sos de soia

45 ml / 3 linguri de miere

5 ml / 1 linguriță boabe de ienupăr

5 ml/1 linguriță de anason

5 ml / 1 linguriță coriandru

60 ml / 4 linguri ulei de arahide

6 cepe de primavara (ceapa verde), taiate felii

2 morcovi, feliați subțiri

1 tulpină de țelină, tocată

45 ml / 3 linguri sos hoisin

30 ml / 2 linguri chutney de mango

75 ml / 5 linguri sos de rosii (paste)

1 cățel de usturoi, zdrobit

60 ml / 4 linguri zapada tocata

Fierbe cioțul de porc cu apă, sare, oțet de vin, 45 ml/3 linguri de sos de soia, miere și condimente. Adăugați legumele, aduceți din nou la fiert, acoperiți și fierbeți timp de aproximativ o oră și jumătate până când carnea este fragedă. Scoateți carnea și legumele din tigaie, tăiați carnea de pe os și tăiați-o cubulețe. Încinge uleiul și prăjește carnea până se rumenește. Adăugați legumele și prăjiți timp de 5 minute. Adăugați sosul de soia rămas, sosul hoisin, chutney, pasta de roșii și usturoiul. Aduceți la fiert și lăsați să fiarbă 3 minute în timp ce amestecați. Se serveste stropit cu zapada.

carne de porc marinată

Pentru 4 persoane

450 g / 1 lb carne de porc slabă
1 felie radacina de ghimbir, tocata
1 căţel de usturoi, zdrobit
90 ml / 6 linguri sos de soia
15 ml / 1 lingura vin de orez sau sherry uscat
45 ml / 3 linguri ulei de arahide
1 ceapa primavara (salota), taiata felii
15 ml/1 lingura zahar brun
piper proaspăt măcinat

Amestecaţi carnea de porc cu ghimbir, usturoi, 30 ml / 2 linguri de sos de soia şi vin sau sherry. Lăsaţi să stea 30 de minute, amestecând din când în când, apoi scoateţi carnea din marinadă. Încinge uleiul şi prăjeşte carnea de porc până se rumeneşte uşor. Adăugaţi ceapa primăvară, zahărul, sosul de soia rămas şi un praf de piper, acoperiţi şi fierbeţi timp de aproximativ 45 de minute până când carnea de porc este gătită. Tăiaţi carnea de porc cubuleţe şi serviţi.

Cotlete de porc marinate

Pentru 6 persoane

6 cotlete de porc
1 felie radacina de ghimbir, tocata
1 cățel de usturoi, zdrobit
90 ml / 6 linguri sos de soia
30 ml / 2 linguri vin de orez sau sherry uscat
45 ml / 3 linguri ulei de arahide
2 cepe de primavara (ceapa verde), tocate
15 ml/1 lingura zahar brun
piper proaspăt măcinat

Tăiați osul din cotletele de porc și tăiați carnea în kibeli. Amestecați ghimbirul, usturoiul, 30 ml / 2 linguri de sos de soia și vinul sau sherry, turnați peste carnea de porc și marinați timp de 30 de minute, amestecând din când în când. Scoateți carnea din marinadă. Încinge uleiul și prăjește carnea de porc până se rumenește ușor. Adăugați ceapa primăvară și prăjiți timp de 1 minut. Amestecați sosul de soia rămas cu zahărul și un praf de piper. Amestecați sosul, aduceți la fierbere, acoperiți și gătiți aproximativ 30 de minute până când carnea de porc este fragedă.

Carne de porc cu ciuperci

Pentru 4 persoane

25 g / 1 oz ciuperci chinezești uscate
30 ml / 2 linguri ulei de arahide
1 catel de usturoi, tocat
225 g carne slabă de porc tăiată în fulgi
4 cepe de primavara (ceapa verde), tocate
15 ml/1 lingura sos de soia
15 ml / 1 lingura vin de orez sau sherry uscat
5 ml/1 lingurita ulei de susan

Înmuiați ciupercile timp de 30 de minute în apă călduță, apoi scurgeți-le. Îndepărtați tulpinile și tăiați capacele. Încinge uleiul și prăjește usturoiul până devine auriu. Adăugați carnea de porc și prăjiți până se rumenește. Se amestecă ceapa primăvară, ciupercile, sosul de soia și vinul sau sherry și se prăjesc timp de 3 minute. Se amestecă uleiul de susan și se servește imediat.

plăcintă cu carne la abur

Pentru 4 persoane

450 g / 1 lb carne de porc (tocată)
4 castane de apa tocate marunt
225 g ciuperci, tocate mărunt
5 ml/1 lingurita sos de soia
Sare si piper proaspat macinat
1 ou, putin batut

Se amestecă bine toate ingredientele și se formează amestecul de tort pe tava de copt. Așezați recipientul pe grătar în cuptorul cu abur, acoperiți și fierbeți la abur timp de o oră și jumătate.

Carne de porc gătită cu ciuperci

Pentru 4 persoane

450g / 1lb carne de porc slabă, feliată
250 ml / 8 fl oz / 1 cană apă
15 ml/1 lingura sos de soia
15 ml / 1 lingura vin de orez sau sherry uscat
5 ml/1 lingurita de zahar
5 ml/1 lingurita de sare
225 g ciuperci

Pune carnea de porc in apa intr-o cratita si aduce apa la fiert. Acoperiți și fierbeți timp de 30 de minute, apoi scurgeți și rezervați bulionul. Întoarceți carnea de porc în tigaie și adăugați sosul de soia. Se fierbe amestecând până când sosul de soia este absorbit. Se amestecă vinul sau sherry, zahărul și sarea. Se toarnă bulionul rezervat, se aduce la fierbere, se acoperă și se fierbe aproximativ 30 de minute, întorcând carnea din când în când. Adăugați ciupercile și gătiți încă 20 de minute.

Clatita de porc cu taitei

Pentru 4 persoane

30 ml / 2 linguri ulei de arahide
5 ml/2 linguriţe de sare
225 g carne slabă de porc tăiată fâşii
1 cană (225 g) varză chinezească, tocată
100 g / 4 oz muguri de bambus, feliaţi
100 g ciuperci tocate mărunt
150 ml / ¼ pt / ½ cană generos bulion de pui
10 ml / 2 linguriţe de făină de porumb (amidon de porumb)
15 ml / 1 lingura vin de orez sau sherry uscat
15 ml/1 lingura de apa
clătite cu tăiţei

Se încălzeşte uleiul şi sarea şi se prăjeşte carnea de porc până se rumeneşte uşor. Adăugaţi varza, lăstarii de bambus şi ciupercile şi prăjiţi timp de 1 minut. Adăugaţi bulionul, aduceţi la fiert, acoperiţi şi gătiţi timp de 4 minute, până când carnea de porc este fiartă. Se amestecă pasta de mălai cu vin sau sherry şi apă, se amestecă într-o tigaie şi se fierbe, amestecând, până când sosul este limpede şi se îngroaşă. Pentru a servi, turnaţi peste aluatul de clătite.

Clatita cu carne de porc si creveti cu taitei

Pentru 4 persoane

30 ml / 2 linguri ulei de arahide

5 ml/1 lingurita de sare

4 cepe de primavara (ceapa verde), tocate

1 căţel de usturoi, zdrobit

225 g carne slabă de porc tăiată fâşii

100 g ciuperci, feliate

4 bucăţi de ţelină, tăiate felii

225 g creveţi curăţaţi

30 ml / 2 linguri sos de soia

10 ml / 1 lingurita faina de porumb (amidon de porumb)

45 ml / 3 linguri de apă

clătite cu tăiţei

Se incinge uleiul si sarea si se calesc ceapa primavara si usturoiul pana se inmoaie. Adăugaţi carnea de porc şi prăjiţi până se rumeneşte uşor. Adăugaţi ciupercile şi ţelina şi prăjiţi timp de 2 minute. Adăugați creveții, stropiți cu sos de soia și amestecați până se încălzesc. Porumb Se amestecă porumb și apa până se formează o pastă, se amestecă într-o tigaie și se gătește, amestecând, până se încinge. Pentru a servi, turnați peste aluatul de clătite.

Carne de porc în sos de stridii

Pentru 4-6 persoane

450 g / 1 lb carne de porc slabă
15 ml / 1 lingură făină de porumb (amidon de porumb)
10 ml / 2 linguriţe vin de orez sau sherry uscat
Un praf de zahar
45 ml / 3 linguri ulei de arahide
10 ml/2 linguriţe de apă
30 ml / 2 linguri sos de stridii
piper proaspăt măcinat
1 felie radacina de ghimbir, tocata
60 ml / 4 linguri supă de pui

Tăiaţi felii subţiri peste bob. Se amestecă 5ml/1 linguriţă de mălai cu vin sau sherry, zahărul şi 5ml/1 linguriţă ulei, se adaugă la carnea de porc şi se amestecă bine. Se amestecă grisul rămas cu apă, sosul de stridii şi un praf de piper. Încinge uleiul rămas şi prăjeşte ghimbirul timp de 1 minut. Adăugaţi carnea de porc şi prăjiţi până se rumeneşte uşor. Adăugaţi amestecul de bulion şi sos de stridii şi apă, aduceţi la fierbere, acoperiţi şi fierbeţi timp de 3 minute.

Carne de porc cu alune

Pentru 4 persoane

450g / 1lb carne de porc slabă, feliată

15 ml / 1 lingură făină de porumb (amidon de porumb)

5 ml/1 lingurita de sare

1 albus de ou

3 cepe de primavara (ceapa verde), tocate

1 catel de usturoi, tocat

1 felie radacina de ghimbir, tocata

45 ml / 3 linguri supă de pui

15 ml / 1 lingura vin de orez sau sherry uscat

15 ml/1 lingura sos de soia

10 ml / 2 linguriţe melasă blackstrap

45 ml / 3 linguri ulei de arahide

½ castravete, feliat

25 g / 1 oz / ¼ cană alune decojite

5 ml/1 lingurita ulei de chili

Amestecaţi carnea de porc cu jumătate din făina de porumb, sarea şi albuşul de ou şi amestecaţi bine pentru a acoperi carnea de porc. Se amestecă făina de porumb rămasă cu ceapa primăvară, usturoiul, ghimbirul, bulionul, vinul sau sherry, sosul de soia și melasă. Se încălzește uleiul și se prăjește carnea de porc până se rumenește ușor, apoi se scoate din tigaie. Adăugați castraveții în tigaie și prăjiți câteva minute. Întoarceți carnea de porc în tigaie și amestecați ușor. Se amestecă amestecul de condimente, se aduce la fierbere și se fierbe, amestecând, până când sosul se limpezește și se îngroașă. Amestecați alunele și uleiul de chili și reîncălziți înainte de servire.

Carne de porc cu piper

Pentru 4 persoane

45 ml / 3 linguri ulei de arahide

225 g carne slabă de porc, tăiată cubulețe

1 ceapă, feliată

2 ardei verzi, feliați

½ cap de frunze chinezești, tocate

1 felie radacina de ghimbir, tocata

15 ml/1 lingura sos de soia

15 ml/1 lingura de zahar

2,5 ml / ½ linguriță sare

Încinge uleiul și prăjește carnea de porc aproximativ 4 minute până se rumenește. Adăugați ceapa și prăjiți aproximativ 1 minut. Adăugați boia și prăjiți timp de 1 minut. Adăugați frunze chinezești și prăjiți timp de 1 minut. Combinați celelalte ingrediente, turnați în tigaie și prăjiți încă 2 minute.

Carne de porc picant cu murături

Pentru 4 persoane

900 g coaste de porc

30 ml / 2 linguri faina de porumb (amidon de porumb)

45 ml / 3 linguri sos de soia

30 ml / 2 linguri sherry dulce

5 ml / 1 linguriță rădăcină de ghimbir rasă

2,5 ml / ½ linguriță pudră de cinci condimente

un praf de piper proaspat macinat

Ulei pentru prajit

60 ml / 4 linguri supă de pui

Legume murate chinezești

Tăiați coastele, îndepărtați toată grăsimea și oasele. Amestecați făina de porumb, 30 ml / 2 linguri de sos de soia, sherry, ghimbir, praf de cinci condimente și piper. Se toarnă peste carnea de porc și se amestecă pentru a se acoperi complet. Acoperiți și marinați timp de 2 ore, amestecând din când în când. Încinge uleiul și prăjește carnea de porc până se rumenește și este fiartă. Scurgeți pe prosoape de hârtie. Tăiați carnea de porc în felii groase, puneți-le pe un platou cald de servire și lăsați la loc cald. Într-o cratiță mică, combinați bulionul și sosul de soia rămas. Se aduce la fierbere si se toarna peste feliile de porc. Se servesc ornat cu muraturi amestecate.

Sos de porc și prune

Pentru 4 persoane

450 g carne de porc înăbușită, tăiată cubulețe

2 catei de usturoi, macinati

Sare

60 ml / 4 linguri ketchup de roșii (catsup)

30 ml / 2 linguri sos de soia

45 ml / 3 linguri sos de prune

5 ml/1 lingurita pudra de curry

5 ml/1 lingurita boia de ardei

2,5 ml / ½ linguriță piper proaspăt măcinat

45 ml / 3 linguri ulei de arahide

6 ceapa primavara (ceapa verde), taiata fasii

4 morcovi, tăiați fâșii

Marinați carnea timp de 30 de minute cu usturoi, sare, ketchup, sos de soia, sos de prune, curry, boia de ardei și piper. Încinge uleiul și prăjește carnea până se rumenește ușor. Scoateți din wok. Adăugați legumele în ulei și prăjiți până se înmoaie. Reveniți carnea în tigaie și reîncălziți puțin înainte de servire.

Carne de porc cu creveți

Pentru 6-8 persoane

900 g / 2 lb carne de porc slabă

30 ml / 2 linguri ulei de arahide

1 ceapă, feliată

1 ceapa primavara (ceapa verde), tocata

2 catei de usturoi, macinati

30 ml / 2 linguri sos de soia

50 g creveți decojiți, tăiați felii

(Pământ)

600 ml / 1 pt / 2½ căni apă clocotită

15 ml/1 lingura de zahar

Fierbeți o oală cu apă, adăugați carnea de porc, acoperiți și fierbeți timp de 10 minute. Se scot din tava si se scurge bine si se taie cubulete. Se incinge uleiul si se caleste ceapa, ceapa primavara si usturoiul pana se rumenesc usor. Adăugați carnea de porc și prăjiți până se rumenește ușor. Adăugați sosul de soia și creveții și prăjiți timp de 1 minut. Adăugați apă clocotită și zahăr, acoperiți și fierbeți timp de aproximativ 40 de minute până când carnea de porc este fragedă.

Friptură de porc în roșu

Pentru 4 persoane

675 g carne slabă de porc tăiată cubulețe

250 ml / 8 fl oz / 1 cană apă

1 felie rădăcină de ghimbir, zdrobită

60 ml / 4 linguri sos de soia

15 ml / 1 lingura vin de orez sau sherry uscat

5 ml/1 lingurita de sare

10 ml / 2 lingurițe de zahăr brun

Pune carnea de porc in apa intr-o cratita si aduce apa la fiert. Adăugați ghimbir, sosul de soia, sherry și sare, acoperiți și fierbeți timp de 45 de minute. Adăugați zahăr, întoarceți carnea, acoperiți și gătiți încă 45 de minute până când carnea de porc este fragedă.

Carne de porc in sos rosu

Pentru 4 persoane

30 ml / 2 linguri ulei de arahide

225 g rinichi de porc, tăiați fâșii

450 g / 1 lb carne de porc tăiată fâșii

1 ceapă, feliată

4 cepe verde (ceapa verde), taiate fasii

2 morcovi, tăiați fâșii

1 tulpină de țelină, tăiată fâșii

1 ardei rosu, taiat fasii

45 ml / 3 linguri sos de soia

45 ml / 3 linguri vin alb sec

300 ml / ½ pt / 1¼ cană bulion de pui

30 ml / 2 linguri sos de prune

30 ml / 2 linguri de otet de vin

5 ml / 1 linguriță praf de cinci condimente

5 ml/1 lingurita zahar brun

15 ml / 1 lingură făină de porumb (amidon de porumb)

15 ml/1 lingura de apa

Încinge uleiul și prăjește rinichii timp de 2 minute, apoi scoate-i din tigaie. Încinge uleiul și prăjește carnea de porc până se rumenește ușor. Adăugați legumele și prăjiți timp de 3 minute. Adăugați sos de soia, vin, bulion, sos de prune, oțet de vin, praf de cinci condimente și zahăr, aduceți la fierbere, acoperiți și gătiți timp de 30 de minute până când sunt fierte. Adăugați rinichii. Combinați făina de porumb și apa și amestecați în tigaie. Se aduce la fierbere, apoi se fierbe, amestecand, pana se ingroasa sosul.

Carne de porc cu taitei de orez

Pentru 4 persoane

4 ciuperci chinezești uscate

100 g taitei de orez

225 g carne slabă de porc tăiată fâșii

15 ml / 1 lingură făină de porumb (amidon de porumb)

15 ml/1 lingura sos de soia

15 ml / 1 lingura vin de orez sau sherry uscat

45 ml / 3 linguri ulei de arahide

2,5 ml / ½ linguriță sare

1 felie radacina de ghimbir, tocata

2 tulpini de telina, tocate

120 ml / 4 fl oz / ½ cană bulion de pui

2 cepe de primavara (ceapa verde), taiate felii

Înmuiați ciupercile timp de 30 de minute în apă călduță, apoi scurgeți-le. Scoateți tulpinile și tăiați capacele. Înmuiați pastele în apă fierbinte timp de 30 de minute, apoi scurgeți-le și tăiați-le în bucăți de 5cm/2cm. Pune carnea de porc într-un castron. Amestecați făina de porumb, sosul de soia și vinul sau sherry, turnați peste carnea de porc și amestecați. Încinge uleiul și prăjește sarea și ghimbirul pentru câteva secunde. Adăugați carnea de porc și prăjiți până se rumenește ușor. Adăugați ciupercile și țelina și prăjiți timp de 1 minut. Se toarnă supa, se aduce la fierbere, se acoperă și se lasă să fiarbă 2 minute. Adăugați pastele și încălziți timp de 2 minute. Se amestecă ceapa primăvară și se servește imediat.

Chiftele bogate din carne de porc

Pentru 4 persoane

450 g / 1 lb carne de porc (tocată)

100 g tofu zdrobit

4 castane de apa tocate marunt

Sare si piper proaspat macinat

120 ml / 4 fl oz / ½ cană ulei de arahide

1 felie radacina de ghimbir, tocata

600 ml / 1 linguriță / 2½ căni supă de pui

15 ml/1 lingura sos de soia

5 ml/1 lingurita zahar brun

5 ml / 1 linguriță vin de orez sau sherry uscat

Se amestecă carnea de porc, tofu și castanele și se condimentează cu sare și piper. Formați bile mari. Încinge uleiul și prăjește chiftelele de porc pe toate părțile până se rumenesc, apoi scoate-le din tigaie. Scurgeți uleiul cu excepția a 15 ml / 1 lingură și adăugați ghimbirul, bulionul, sosul de soia, zahărul și vinul sau sherry. Puneți chiftelele înapoi în tigaie, aduceți la fierbere și gătiți timp de 20 de minute până sunt fierte.

Cotlete de porc la cuptor

Pentru 4 persoane

4 cotlete de porc

75 ml / 5 linguri sos de soia

Ulei pentru prajit

100 g bucati de telina

3 cepe de primavara (ceapa verde), tocate

1 felie radacina de ghimbir, tocata

15 ml / 1 lingura vin de orez sau sherry uscat

120 ml / 4 fl oz / ½ cană bulion de pui

Sare si piper proaspat macinat

5 ml/1 lingurita ulei de susan

Înmuiați cotletele de porc în sosul de soia până când sunt bine acoperite. Se incinge uleiul si se prajesc coastele pana se rumenesc. Scoateți și scurgeți bine. Aranjați verdeața pe fundul unei farfurii adânci. Se presară cu ceapă primăvară și ghimbir și se pune deasupra burta de porc. Adăugați vin sau sherry și bulion și asezonați cu sare și piper. Stropiți cu ulei de susan. Coaceți în cuptorul preîncălzit la 200°C / 400°C / Termostat 6 timp de 15 minute.

carne de porc picant

Pentru 4 persoane

1 castravete, feliat

Sare

450g / 1lb carne de porc slabă, feliată

5 ml/1 lingurita de sare

45 ml / 3 linguri sos de soia

30 ml / 2 linguri vin de orez sau sherry uscat

30 ml / 2 linguri faina de porumb (amidon de porumb)

15 ml/1 lingura zahar brun

60 ml / 4 linguri ulei de arahide

1 felie radacina de ghimbir, tocata

1 catel de usturoi, tocat

1 ardei rosu, fara samburi si feliat

60 ml / 4 linguri supă de pui

Se presară castraveții cu sare și se lasă deoparte. Amestecați carnea de porc, sare, 15ml/1 lingură sos de soia, 15ml/1 lingură vin sau sherry, 15ml/1 lingură porumb, zahăr brun și 15ml/1 lingură ulei. Se lasa sa se odihneasca 30 de minute, apoi se scoate carnea din marinada. Încinge uleiul rămas și prăjește carnea de porc până se rumenește ușor. Adăugați ghimbir, usturoi și ardei iute și prăjiți timp de 2 minute. Adăugați castraveții și prăjiți timp de 2 minute. Amestecați bulionul și sosul de soia rămas, vinul sau sherry și porumbul în marinadă. Se amestecă totul într-o tigaie și se aduce la fierbere în timp ce se amestecă. Lasam sa fiarba in timp ce amestecam.

Glisați cotlete de porc

Pentru 4 persoane

225 g carne slabă de porc, tăiată în felii

2 oua

15 ml / 1 lingură făină de porumb (amidon de porumb)

45 ml / 3 linguri ulei de arahide

50 g / 2 oz muguri de bambus, feliați

6 cepe de primavara (ceapa verde), tocate

2,5 ml / ½ linguriță sare

15 ml / 1 lingura vin de orez sau sherry uscat

150 ml / ¼ pt / ½ cană generos bulion de pui

Se amestecă carnea de porc cu ouăle și porumbul până se îmbracă bine. Se încălzește uleiul și se prăjește carnea de porc până se rumenește ușor, apoi se scoate din tigaie. Adăugați lăstarul de bambus și ceapa primăvară și prăjiți timp de 2 minute. Întoarceți carnea de porc în tigaie cu sare, vin sau sherry și supa de pui. Aduceți la fiert și gătiți, amestecând, timp de 4 minute până când carnea de porc este gătită.

Carne de porc cu spanac și morcovi

Pentru 4 persoane

225 g carne de porc slaba

2 morcovi, tăiați fâșii

225 g spanac

45 ml / 3 linguri ulei de arahide

1 ceapa primavara (ceapa verde), tocata marunt

15 ml/1 lingura sos de soia

2,5 ml / ½ linguriță sare

10 ml / 2 lingurițe de făină de porumb (amidon de porumb)

30 ml / 2 linguri de apă

Tăiați carnea de porc în felii subțiri, apoi tăiați fâșii. Se albesc morcovii timp de aproximativ 3 minute, apoi se scurg. Tăiați frunzele de spanac în jumătate. Se incinge uleiul si se caleste ceapa primavara pana devine translucida. Adăugați carnea de porc și prăjiți până se rumenește ușor. Adăugați morcovii și sosul de soia și prăjiți timp de 1 minut. Se adauga sarea si spanacul si se calesc aproximativ 30 de secunde pana incepe sa se inmoaie. Se amestecă făina de porumb și apa până devine o pastă, se amestecă cu sosul și se prăjește până se limpede, apoi se servește imediat.

Carne de porc la gratar

Pentru 4 persoane

450g / 1lb carne de porc slabă, feliată

120 ml / 4 fl oz / ½ cană sos de soia

120 ml / 4 fl oz / ½ cană vin de orez sau sherry uscat

15 ml/1 lingura zahar brun

Amestecă toate ingredientele și pune-le într-un bol termorezistent. Grătiți peste apă clocotită timp de aproximativ 1 1/2 oră până când este gătit.

Porc rotisat

Pentru 4 persoane

25 g / 1 oz ciuperci chinezești uscate

15 ml / 1 lingura ulei de arahide

450g / 1lb carne de porc slabă, feliată

1 ardei verde, feliat

15 ml/1 lingura sos de soia

15 ml / 1 lingura vin de orez sau sherry uscat

5 ml/1 lingurita de sare

5 ml/1 lingurita ulei de susan

Înmuiați ciupercile timp de 30 de minute în apă călduță, apoi scurgeți-le. Îndepărtați tulpinile și tăiați capacele. Încinge uleiul și prăjește carnea de porc până se rumenește ușor. Se condimentează cu piper și se prăjește timp de 1 minut. Adăugați ciupercile, sosul de soia, vinul sau sherry și sare și prăjiți câteva minute până când carnea este fiartă. Se amestecă uleiul de susan înainte de servire.

Carne de porc cu cartofi dulci

Pentru 4 persoane

Ulei pentru prajit

2 cartofi dulci mari, feliați

30 ml / 2 linguri ulei de arahide

1 felie rădăcină de ghimbir, feliată

1 ceapă, feliată

450g / 1lb carne de porc slabă, feliată

15 ml/1 lingura sos de soia

2,5 ml / ½ linguriță sare

piper proaspăt măcinat

250 ml / 8 fl oz / 1 cană bulion de pui

30 ml / 2 linguri praf de curry

Încinge uleiul și prăjește cartofii dulci până se rumenesc. Scoateți din tigaie și scurgeți bine. Se încălzește uleiul de arahide (arahide) și se prăjește ghimbirul și ceapa până se rumenesc ușor. Adăugați carnea de porc și prăjiți până se rumenește ușor. Adăugați sos de soia, sare și un praf de piper, apoi amestecați baza în curry, aduceți la fierbere și amestecați timp de 1 minut. Adăugați cartofii prăjiți, acoperiți și fierbeți timp de 30 de minute până când carnea de porc este gătită.

Porc dulce acrișor

Pentru 4 persoane

450g / 1lb carne de porc slabă, feliată

15 ml / 1 lingura vin de orez sau sherry uscat

15 ml / 1 lingura ulei de arahide

5 ml/1 lingurita pudra de curry

1 ou, batut

Sare

100 g faina de porumb (amidon de porumb)

Ulei pentru prajit

1 cățel de usturoi, zdrobit

75 g / 3 oz / ½ cană zahăr

50 g ketchup de roșii

5 ml/1 lingurita otet de vin

5 ml/1 lingurita ulei de susan

Amestecați carnea de porc cu vin sau sherry, ulei, curry, ou și puțină sare. Se amestecă făina de porumb până când carnea de porc este acoperită în aluat. Se încălzește uleiul până se afumă, apoi se adaugă cuburile de porc pe rând. Se prajesc aproximativ 3 minute, apoi se scurg si se lasa deoparte. Încinge uleiul și prăjește din nou cuburile timp de aproximativ 2 minute. Scoateți și scurgeți. Se încălzește usturoiul, zahărul, ketchup-ul și oțetul de vin și se amestecă până când zahărul se dizolvă. Se aduce la fierbere, apoi se adaugă cuburile de porc și se amestecă bine. Se amestecă uleiul de susan și se servește.

Carne de porc sarata

Pentru 4 persoane

30 ml / 2 linguri ulei de arahide
450g / 1lb carne de porc slabă, feliată
3 cepe de primavara (ceapa verde), taiate felii
2 catei de usturoi, macinati
1 felie radacina de ghimbir, tocata
250 ml / 8 fl oz / 1 cană sos de soia
30 ml / 2 linguri vin de orez sau sherry uscat
30 ml / 2 linguri zahăr brun
5 ml/1 lingurita de sare
600 ml / 1 pt / 2½ căni de apă

Încinge uleiul și prăjește carnea de porc până se rumenește. Se toarnă excesul de ulei, se adaugă ceapa primăvară, usturoiul și ghimbirul și se prăjesc timp de 2 minute. Adăugați sos de soia, vin sau sherry, zahăr și sare și amestecați bine. Se toarnă apă, se fierbe, se acoperă și se lasă să fiarbă 1 oră.

Carne de porc cu tofu

Pentru 4 persoane

450 g / 1 lb carne de porc slabă

45 ml / 3 linguri ulei de arahide

1 ceapă, feliată

1 cățel de usturoi, zdrobit

225 g tofu feliat

375 ml supa de pui

15 ml/1 lingura zahar brun

60 ml / 4 linguri sos de soia

2,5 ml / ½ linguriță sare

Pune carnea de porc in tigaie si acopera cu apa. Se fierbe si se lasa sa fiarba 5 minute. Scurgeți și răciți, apoi tăiați în cuburi.

Se incinge uleiul si se caleste ceapa si usturoiul in el pana se rumenesc usor. Adăugați carnea de porc și prăjiți până se rumenește ușor. Adăugați tofu și amestecați ușor până când este acoperit cu ulei. Adăugați bulionul, zahărul, sosul de soia și sarea, aduceți la fiert, acoperiți și gătiți aproximativ 40 de minute până când carnea de porc este fragedă.

Carne de porc moale prajita

Pentru 4 persoane

225 g file de porc, tăiat cubulețe

1 albus de ou

30 ml / 2 linguri vin de orez sau sherry uscat

Sare

225 g porumb (amidon de porumb)

Ulei pentru prajit

Amestecați carnea de porc cu albușul, vinul sau sherry și puțină sare. Amestecați treptat suficientă făină de porumb pentru a forma o pastă groasă. Se incinge uleiul si se rumeneste carnea de porc pana devine rumenita, crocanta la exterior si moale la interior.

Carne de porc gătită de două ori

Pentru 4 persoane

225 g carne de porc slaba

45 ml / 3 linguri ulei de arahide

2 ardei verzi, tăiați în bucăți

2 catei de usturoi, tocati

2 cepe de primavara (ceapa verde), taiate felii

15 ml / 1 lingura sos de fasole picant

15 ml/1 lingura supa de pui

5 ml/1 lingurita de zahar

Puneti bucata de porc intr-o tigaie, acoperiti cu apa, aduceti la fiert si fierbeti 20 de minute pana se fierbe. Scoateți și scurgeți și lăsați să se răcească. Tăiați subțire.

Încinge uleiul și prăjește carnea de porc până se rumenește ușor. Adăugați boia de ardei, usturoiul și ceapa primăvară și prăjiți timp de 2 minute. Scoateți din tigaie. Adăugați sosul de fasole, bulionul și zahărul în tigaie și gătiți, amestecând, timp de 2 minute. Întoarceți carnea de porc și ardeiul și prăjiți până se încinge. Serviți imediat.

Carne de porc cu legume

Pentru 4 persoane

2 catei de usturoi, macinati

5 ml/1 lingurita de sare

2,5 ml / ½ linguriță piper proaspăt măcinat

30 ml / 2 linguri ulei de arahide

30 ml / 2 linguri sos de soia

225 g buchete de broccoli

200 g bucheţe de conopidă

1 ardei rosu, feliat

1 ceapa, tocata

2 portocale, curatate de coaja si feliate

1 baton de ghimbir, tocat

30 ml / 2 linguri faina de porumb (amidon de porumb)

300 ml / ½ pt / 1 ¼ cană apă

20 ml / 2 linguri otet de vin

15 ml / 1 lingura miere

un praf de ghimbir macinat

2,5 ml / ½ linguriță chimen

Usturoiul zdrobit, sare si piper la carne. Încinge uleiul şi prăjeşte carnea până se rumeneşte uşor. Scoateţi din tigaie.

Adăugați sosul de soia și legumele în tigaie și prăjiți până se înmoaie, dar încă crocant. Adăugați portocale și ghimbir. Porumb Se amestecă porumb și apă și se amestecă cu oțet de vin, miere, ghimbir și chimen într-o tigaie. Se aduce la fierbere și se lasă să fiarbă 2 minute în timp ce se amestecă. Întoarceți carnea de porc în tigaie și reîncălziți înainte de servire.

Carne de porc cu nuci

Pentru 4 persoane

50 g / 2 oz / ½ cană nuci

225 g carne slabă de porc tăiată fâșii

30 ml / 2 linguri făină simplă (toate scopuri)

30 ml / 2 linguri zahăr brun

30 ml / 2 linguri sos de soia

Ulei pentru prajit

15 ml / 1 lingura ulei de arahide

Albiți nucile în apă clocotită timp de 2 minute, apoi scurgeți. Amestecați carnea de porc cu făina, zahărul și 15 ml/1 lingură sos de soia până la omogenizare. Încinge uleiul și prăjește carnea de porc până devine crocantă și aurie. Scurgeți pe prosoape de hârtie. Încălziți uleiul de arahide (arahide) și prăjiți alunele până se rumenesc. Adăugați carnea de porc în tigaie, stropiți cu sosul de soia rămas și prăjiți până se încinge.

Galuste de porc

Pentru 4 persoane

450 g / 1 lb carne de porc (tocată)
1 ceapa primavara (ceapa verde), tocata
225 g legume amestecate tocate
30 ml / 2 linguri sos de soia
5 ml/1 lingurita de sare
capac de 40 wonton
Ulei pentru prajit

Încinge o tigaie și prăjește carnea de porc și ceapa primăvară până se rumenesc ușor. Se ia de pe foc si se adauga legumele, sosul de soia si sarea.

Îndoiți wontonurile ținând pielea în palma mâinii stângi și puneți o lingură de umplutură în mijloc. Umeziți marginile cu ou și pliați pielea într-un triunghi, lipiți marginile. Umeziți colțurile cu ou și răsuciți-le împreună.

Se încălzește uleiul și se prăjesc wontonurile câte puțin până se rumenesc. Se amestecă bine înainte de a servi.

Carne de porc cu castane de apa

Pentru 4 persoane

45 ml / 3 linguri ulei de arahide
1 cățel de usturoi, zdrobit
1 ceapa primavara (ceapa verde), tocata
1 felie radacina de ghimbir, tocata
225 g carne slabă de porc tăiată fâșii
100 g castane de apă, tăiate în felii subțiri
45 ml / 3 linguri sos de soia
15 ml / 1 lingura vin de orez sau sherry uscat
5 ml / 1 lingurita faina de porumb (amidon de porumb)

Se incinge uleiul si se calesc usturoiul, ceapa primavara si ghimbirul pana se rumenesc usor. Adăugați carnea de porc și prăjiți timp de 10 minute până se rumenește. Adăugați castane de apă și prăjiți timp de 3 minute. Adăugați restul ingredientelor și prăjiți timp de 3 minute.

Wonton de porc și creveți

Pentru 4 persoane

225 g / 8 oz carne de porc macinata (tocata)
2 cepe de primavara (ceapa verde), tocate
100 g legume amestecate, tocate
100 g ciuperci tocate
225 g creveți decojiți, tăiați felii
15 ml/1 lingura sos de soia
2,5 ml / ½ linguriță sare
capac de 40 wonton
Ulei pentru prajit

Încinge o tigaie și prăjește carnea de porc și ceapa primăvară până se rumenesc ușor. Adăugați alte ingrediente.

Îndoiți wontonurile ținând pielea în palma mâinii stângi și puneți o lingură de umplutură în mijloc. Umeziți marginile cu ou și pliați pielea într-un triunghi, lipiți marginile. Umeziți colțurile cu ou și răsuciți-le împreună.

Se încălzește uleiul și se prăjesc wontonurile câte puțin până se rumenesc. Se amestecă bine înainte de a servi.

Chiftele tocate la abur

Pentru 4 persoane

2 catei de usturoi, macinati

2,5 ml / ½ linguriță sare

450 g / 1 lb carne de porc (tocată)

1 ceapa, tocata

1 ardei rosu, tocat

1 ardei verde, tocat

2 bucati de ghimbir tocat tocat

5 ml/1 lingurita pudra de curry

5 ml/1 lingurita boia de ardei

1 ou, batut

45 ml / 3 linguri faina de porumb (amidon de porumb)

50 g orez cu bob scurt

Sare si piper proaspat macinat

60 ml / 4 linguri zapada tocata

Amestecați usturoiul, sarea, carnea de porc, ceapa, boia de ardei, ghimbir, curry și boia. Amestecați ouăle în amestecul de amidon de porumb și orez. Se condimentează cu sare și piper și se amestecă fripturile. Cu mâinile umede formați amestecul în bile mici. Puneți-le într-un coș de aburi, acoperiți și gătiți-le în apă clocotită timp de 20 de minute până când sunt fierte.

Coaste cu sos de fasole neagra

Pentru 4 persoane

900 g coaste de porc

2 catei de usturoi, macinati

2 cepe de primavara (ceapa verde), tocate

30 ml / 2 linguri sos de fasole neagra

30 ml / 2 linguri vin de orez sau sherry uscat

15 ml/1 lingura de apa

30 ml / 2 linguri sos de soia

15 ml / 1 lingură făină de porumb (amidon de porumb)

5 ml/1 lingurita de zahar

120 ml / 4 fl oz ½ cană apă

30 ml / 2 linguri de ulei

2,5 ml / ½ linguriță sare

120 ml / 4 fl oz / ½ cană bulion de pui

Tăiați coastele în bucăți de 2,5 cm/1. Se amestecă usturoiul, ceapa primăvară, sosul de fasole neagră, vinul sau sherry, apa și 15 ml/1 lingură sos de soia. Amestecați sosul de soia rămas cu amidonul de porumb, zahărul și apa. Se incinge uleiul si sarea si se prajesc coastele pana se rumenesc. Scurgeți uleiul. Adăugați amestecul de usturoi și prăjiți timp de 2 minute. Se toarnă supa, se aduce la fierbere, se acoperă și se lasă să fiarbă 4 minute. Se amestecă amestecul de făină de porumb și se fierbe, amestecând, până când sosul este limpede și se îngroașă.

Coaste la gratar

Pentru 4 persoane

3 catei de usturoi, macinati
75 ml / 5 linguri sos de soia
60 ml / 4 linguri sos hoisin
60 ml / 4 linguri vin de orez sau sherry uscat
45 ml / 3 linguri zahăr brun
30 ml / 2 linguri sos de rosii (paste)
900 g coaste de porc
15 ml / 1 lingura miere

Amestecați usturoiul, sosul de soia, sosul hoisin, vinul sau sherry, zahărul brun și piureul de roșii, turnați peste coaste, acoperiți și marinați peste noapte.

Scurgeți coastele și aranjați-le pe un grătar într-o oală cu puțină apă sub ele. Coaceți în cuptorul preîncălzit la 180 °C / 350 °F / termostat 4 timp de 45 de minute, ungând ocazional cu marinada, rezervând 30 ml / 2 linguri de marinată. Se amestecă marinada rezervată cu miere și se spală coastele. Coaceți sau prăjiți (grear) sub un grill fierbinte timp de aproximativ 10 minute.

Coaste de arțar la grătar

Pentru 4 persoane

900 g coaste de porc

60 ml / 4 linguri sirop de artar

5 ml/1 lingurita de sare

5 ml/1 lingurita de zahar

45 ml / 3 linguri sos de soia

15 ml / 1 lingura vin de orez sau sherry uscat

1 cățel de usturoi, zdrobit

Tăiați coastele în bucăți de 5cm/2cm și puneți-le într-un castron. Se amestecă toate ingredientele, se adaugă coaste și se amestecă bine. Acoperiți și lăsați la marinat peste noapte. Coaceți (coaceți) sau prăjiți la foc mediu aproximativ 30 de minute.

Coaste prăjite

Pentru 4 persoane

900 g coaste de porc

120 ml / 4 fl oz / ½ cană catsup

120 ml / 4 fl oz / ½ cană oțet de vin

60 ml / 4 linguri chutney de mango

45 ml / 3 linguri vin de orez sau sherry uscat

2 catei de usturoi, tocati

5 ml/1 lingurita de sare

45 ml / 3 linguri sos de soia

30 ml / 2 linguri de miere

15 ml / 1 lingură pudră de curry blândă

15 ml / 1 lingura boia de ardei

Ulei pentru prajit

60 ml / 4 linguri zapada tocata

Puneți coastele într-un castron. Amestecați toate ingredientele cu excepția uleiului și zăpezii, turnați peste coaste, acoperiți și lăsați la marinat cel puțin 1 oră. Încinge uleiul și prăjește coastele până devin crocante. Se serveste stropit cu zapada.

Coaste cu praz

Pentru 4 persoane

450 g / 1 lb coaste de porc

Ulei pentru prajit

250 ml / 8 fl oz / 1 cană bulion

30 ml / 2 linguri ketchup de roșii (catsup)

2,5 ml / ½ linguriță sare

2,5 ml / ½ linguriță zahăr

2 praz, tăiați în bucăți

6 ceapa verde (ceapa verde), taiata bucatele

50 g / 2 oz buchete de broccoli

5 ml/1 lingurita ulei de susan

Tăiați coastele în 5 cm/2 bucăți, încălziți uleiul și prăjiți coastele până se rumenesc. Scoateți din tigaie și adăugați toate, în afară de 30 ml / 2 linguri de ulei. Adăugați supa, ketchup-ul, sare și zahăr, aduceți la fiert și gătiți timp de 1 minut. Întoarceți coastele în tigaie și fierbeți aproximativ 20 de minute până se înmoaie.

Între timp, încălzește încă 30 ml/2 linguri de ulei și prăjește puiul, ceapa primăvară și broccoli pentru aproximativ 5 minute. Stropiți cu ulei de susan și aranjați pe un platou cald de servire. Puneti coastele in sosul din centru si serviti.

Coaste cu ciuperci

Pentru 4-6 persoane

6 ciuperci chinezești uscate

900 g coaste de porc

2 păstăi de anason stelat

45 ml / 3 linguri sos de soia

5 ml/1 lingurita de sare

15 ml / 1 lingură făină de porumb (amidon de porumb)

Înmuiați ciupercile timp de 30 de minute în apă călduță, apoi scurgeți-le. Scoateți tulpinile și tăiați capacele. Tăiați coastele în bucăți de 5 cm/2, fierbeți o oală cu apă, adăugați coastele și gătiți timp de 15 minute. Scurgeți bine. Întoarceți coastele în tigaie și acoperiți cu apă rece. Adăugați ciupercile, anasonul stelat, sosul de soia și sarea. Se aduce la fierbere, se acoperă și se lasă la fiert aproximativ 45 de minute până când carnea este fragedă. Se amestecă făina de porumb cu puțină apă rece, se toarnă în tigaie și se fierbe amestecând până când sosul devine limpede și se îngroașă.

Coaste portocale

Pentru 4 persoane

900 g coaste de porc

5 ml/1 lingurita branza rasa

5 ml / 1 lingurita faina de porumb (amidon de porumb)

45 ml / 3 linguri vin de orez sau sherry uscat

Sare

Ulei pentru prajit

15 ml/1 lingura de apa

2,5 ml / ½ linguriță zahăr

15 ml / 1 lingura piure de rosii (paste)

2,5 ml / ½ linguriță sos chili

coaja rasa a 1 portocala

1 portocală, tăiată felii

Tăiați coastele în bucăți și amestecați cu brânza, porumb, 5 ml/1 linguriță de vin sau sherry și un praf de sare. Se lasă la marinat 30 de minute. Încinge uleiul și prăjește coastele aproximativ 3 minute până se rumenește. Se incinge 15 ml/1 lingura ulei intr-un wok, se adauga apa, zaharul, pasta de rosii, sosul chili, coaja de portocala si vinul sau sherry ramas si se amesteca la foc 2 minute. . Adăugați carnea de porc și amestecați până se îmbracă bine. Transferați pe un platou cald de servire și serviți ornat cu felii de portocală.

Coaste de ananas

Pentru 4 persoane

900 g coaste de porc

600 ml / 1 pt / 2½ căni de apă

30 ml / 2 linguri ulei de arahide

2 catei de usturoi, tocati marunt

200 g bucăți de ananas conservate în suc de fructe

120 ml / 4 fl oz / ½ cană bulion de pui

60 ml / 4 linguri otet de vin

50 g / 2 oz / ¼ cană zahăr brun

15 ml/1 lingura sos de soia

15 ml / 1 lingură făină de porumb (amidon de porumb)

3 cepe de primavara (ceapa verde), tocate

Intr-o cratita se pune carnea de porc si apa, se aduce la fiert, se acopera si se lasa sa fiarba 20 de minute. Scurgeți bine.

Încinge uleiul și prăjește usturoiul până devine auriu. Adăugați coastele și prăjiți până se îmbracă bine în ulei. Scurgeți bucățile de ananas și adăugați în tigaie 120 ml de suc împreună cu baza, oțetul de vin, zahărul și sosul de soia. Se aduce la fierbere, se acopera si se lasa la fiert 10 minute. Adăugați ananasul scurs. Porumb Se amestecă porumbul cu puțină apă, se adaugă sosul şi se amestecă până când sosul devine limpede şi se îngroaşă. Se serveste presarata cu ceapa primavara.

Coaste de creveți crocante

Pentru 4 persoane

900 g coaste de porc
450 g/1 kilogram de creveți decojiți
5 ml/1 lingurita de zahar
Sare si piper proaspat macinat
30 ml / 2 linguri făină simplă (toate scopuri)
1 ou, putin batut
100 g pâine
Ulei pentru prajit

Tăiați coastele în 5 cm/2 bucăți, îndepărtați o parte din carne și tăiați cu creveți, zahăr, sare și piper. Se amestecă făina și suficiente ouă, astfel încât amestecul să fie lipicios. Zdrobiți coastele și presărați cu pesmet. Se incinge uleiul si se prajesc coastele pana se rumenesc. Se scurge bine si se serveste fierbinte.

Coaste în vin de orez

Pentru 4 persoane

900 g coaste de porc

450 ml / ¾ pt / 2 căni de apă

60 ml / 4 linguri sos de soia

5 ml/1 lingurita de sare

30 ml / 2 linguri vin de orez

5 ml/1 lingurita de zahar

Tăiați coastele în bucăți de 1/1 inch, puneți-le într-o tigaie cu apă, sos de soia și sare, aduceți la fiert, acoperiți și fierbeți timp de 1 oră. Scurgeți bine. Se incinge o tigaie si se adauga coastele, vinul de orez si zaharul. Se prăjește la foc mare până când lichidul se evaporă.

Cotlete de porc cu susan

Pentru 4 persoane

900 g coaste de porc

1 ou

30 ml / 2 linguri făină simplă (toate scopuri)

5 ml/1 lingurita amidon de cartofi

45 ml / 3 linguri de apă

Ulei pentru prajit

30 ml / 2 linguri ulei de arahide

30 ml / 2 linguri ketchup de roșii (catsup)

30 ml / 2 linguri zahăr brun

10 ml / 2 lingurițe de oțet de vin

45 ml / 3 linguri seminte de susan

4 frunze de salata verde

Tăiați coastele în bucăți de 10 cm/4 cm și puneți-le într-un castron. Se amestecă ouăle cu făina, amidonul din cartofi și apa, se amestecă pâinea și se lasă să stea 4 ore.

Se încălzește uleiul și se prăjesc coastele până se rumenesc, apoi se scot și se scurg. Încinge uleiul și prăjește ketchup-ul, zahărul brun și oțetul de vin pentru câteva minute. Adăugați coastele și prăjiți până se îmbracă complet. Se presara cu seminte de susan si se prajesc 1 minut. Aranjați frunzele de salată verde pe o farfurie de servire caldă, decorați cu coastă și serviți.

Coaste dulci-acrișoare

Pentru 4 persoane

900 g coaste de porc
600 ml / 1 pt / 2½ căni de apă
30 ml / 2 linguri ulei de arahide
2 catei de usturoi, macinati
5 ml/1 lingurita de sare
100 g / 4 oz / ½ cană zahăr brun
75 ml / 5 linguri supă de pui
60 ml / 4 linguri otet de vin
100 g / 4 oz bucăți de ananas conservate în sirop
15 ml / 1 lingura piure de rosii (paste)
15 ml/1 lingura sos de soia
15 ml / 1 lingură făină de porumb (amidon de porumb)
30 ml / 2 linguri nucă de cocos deshidratată

Intr-o cratita se pune carnea de porc si apa, se aduce la fiert, se acopera si se lasa sa fiarba 20 de minute. Scurgeți bine.

Se incinge uleiul si se prajesc coastele cu usturoi si sare pana se rumenesc. Adăugați zahărul, bulionul și oțetul de vin și aduceți la fiert. Scurgeți ananasul și adăugați în tigaie 30 ml/2 linguri de sirop cu piure de roșii, sos de soia și porumb. Se amestecă bine și se fierbe amestecând până când sosul devine limpede și se îngroașă. Adăugați ananasul, gătiți timp de 3 minute și serviți presărat cu nucă de cocos.

coaste fripte

Pentru 4 persoane

900 g coaste de porc

1 ou, batut

5 ml/1 lingurita sos de soia

5 ml/1 lingurita de sare

10 ml / 2 lingurițe de făină de porumb (amidon de porumb)

10 ml / 2 lingurițe de zahăr

60 ml / 4 linguri ulei de arahide

250 ml / 8 fl oz / 1 cană oțet de vin

250 ml / 8 fl oz / 1 cană apă

250 ml / 8 fl oz / 1 cană vin de orez sau sherry uscat

Puneți coastele într-un castron. Se amestecă ouăle cu sosul de soia, sarea, jumătate din amidon de porumb și jumătate din zahăr, se adaugă la coaste și se amestecă bine. Se incinge uleiul si se prajesc coastele pana se rumenesc. Adăugați restul ingredientelor, aduceți la fiert și lăsați să fiarbă până când lichidul aproape s-a evaporat.

Coaste cu rosii

Pentru 4 persoane

900 g coaste de porc

75 ml / 5 linguri sos de soia

30 ml / 2 linguri vin de orez sau sherry uscat

2 oua batute

45 ml / 3 linguri faina de porumb (amidon de porumb)

Ulei pentru prajit

45 ml / 3 linguri ulei de arahide

1 ceapă, feliată subțire

250 ml / 8 fl oz / 1 cană bulion de pui

60 ml / 4 linguri ketchup de roșii (catsup)

10 ml / 2 lingurițe de zahăr brun

Tăiați coastele în bucăți de 2,5 cm/1. Se amestecă cu 60 ml/4 linguri de sos de soia și vin sau sherry și se lasă la marinat timp de 1 oră, amestecând din când în când. Aruncați marinada și lăsați-o deoparte. Ungeți coastele cu ou și apoi cu porumb. Încinge uleiul și prăjește câteva felii în el până se rumenește. Scurgeți bine. Se încălzește uleiul de arahide (arahide) și se prăjește ceapa până devine transparentă. Adăugați supa, restul de sos de soia, ketchup-ul și zahărul brun și amestecați timp de 1 minut. Adăugați coastele și gătiți timp de 10 minute.

Friptură de porc la grătar

Pentru 4-6 persoane

1,25 kg spată de porc dezosată

2 catei de usturoi, macinati

2 cepe de primavara (ceapa verde), tocate

250 ml / 8 fl oz / 1 cană sos de soia

120 ml / 4 fl oz / ½ cană vin de orez sau sherry uscat

100 g / 4 oz / ½ cană zahăr brun

5 ml/1 lingurita de sare

Pune carnea de porc într-un castron. Se amestecă ingredientele rămase, se toarnă peste carnea de porc, se acoperă şi se lasă la marinat timp de 3 ore. Transferați carnea de porc şi marinada într-o tavă de copt şi coaceți în cuptorul preîncălzit la 200 °C / 400 °F / termostat 6 timp de 10 minute. Reduceți temperatura la 160 ° C / 325 ° F / termostat 3 timp de 1 1/2 oră până când carnea de porc este gătită.

www.ingramcontent.com/pod-product-compliance
Lightning Source LLC
Chambersburg PA
CBHW050151130526
44591CB00033B/1256